Le Mac Pas à Pas

POUR LES NULS

Le Mac
Pas à Pas

POUR
LES NULS

Bernard Jolivalt

FIRST
Interactive

Le Mac Pas à Pas Pour les Nuls

Pour les Nuls est une marque déposée de Wiley Publishing, Inc
For Dummies est une marque déposée de Wiley Publishing, Inc
Collection dirigée par Jean-Pierre Cano
Édition : Pierre Chauvot
Maquette : Marie Housseau

Edition française publiée en accord avec Wiley Publishing, Inc.

Éditions First
60 rue Mazarine
75006 Paris
Tél. : 01 45 49 60 00
Fax : 01 45 49 60 01
e-mail : firstinfo@efirst.com
ISBN : 978-2-7540-9782754017824
Dépôt légal : 2e trimestre 2010
Imprimé en France

Sommaire

Deuxième partie : Internet et réseau

Introduction

Le Mac a toujours une réputation d'objet très design, un brin sophistiqué et surtout, facile à vivre. Mais, au gré de ses améliorations, le système d'exploitation – Mac OS X en l'occurrence – s'est étoffé, les applications ont gagné en richesse, mais aussi en complexité. Les fonctions sont nombreuses, pas toujours évidentes. Et c'est bien sûr au moment où l'on en a le plus besoin que la fonction recherchée est introuvable.

Et c'est bien sûr à ce moment qu'il serait appréciable de trouver rapidement la solution au problème. Ce *Mac Pour les Nuls Pas à pas* est un concentré d'astuces et de renseignements. Certaines sont élémentaires, mais seulement pour ceux qui sont déjà familiarisés avec le Mac. D'autres sont moins connues. Débutant ou utilisateur averti, la mémoire peut aussi faire défaut : impossible de trouver le commencement du début de l'ombre d'une procédure ou d'une solution que l'on connaissait pourtant. Pour ces oublieux, ce livre sera un précieux pense-bête.

Le *Mac Pour les Nuls Pas à pas* vise deux buts : donner au lecteur une connaissance approfondie des principales fonctionnalités du Mac, grâce à une lecture de bout en bout, et aussi dépanner le lecteur désireux d'accéder à une fonction peu utilisée, mais pourtant indispensable. La table des matières au début de ce livre regroupe les techniques par thèmes. Si vous recherchez une réponse à un problème bien précis, l'index en fin d'ouvrage indiquera exactement la page où se trouve la technique apportant la réponse.

Comment ce livre est organisé

Les techniques qui forment l'essentiel de ce livre auraient pu être jetées en vrac, ou classées par ordre alphabétique. Mais par commodité, elles ont été réunies dans des chapitres thématiques eux-mêmes regroupés dans quatre parties.

Première partie : Découvrir le Mac

Le Bureau étant le premier élément qui apparaît après avoir démarré le Mac, vous apprendrez tout ce qu'il faut savoir du Bureau et de ses principaux éléments : le Dock, et surtout le Finder. Puis nous passerons à la gestion des dossiers et des fichiers. À la fin de cette première partie, vous serez familiarisé avec le Mac ; nous en profiterons donc pour visiter sa mémoire, son disque dur, et sa batterie, s'il s'agit d'un portable.

Deuxième partie : Internet et réseau

L'Internet et le courrier électronique se sont banalisés, à tel point que c'est l'activité principale de beaucoup d'utilisateurs d'ordinateur, qu'il s'agisse ou non d'un Mac. Vous découvrirez d'abord quelques astuces pour utiliser au mieux Safari, le navigateur Web fourni avec Mac OS, puis vous apprendrez toutes les ficelles concernant le courrier électronique. Le dernier chapitre de cette partie explique comment créer un local et partager fichier, connexion Internet et imprimante.

Troisième partie : Travail et loisirs

Réunir le travail et les loisirs dans une seule et même partie rend le premier moins aride et les seconds moins frivoles. Le premier chapitre de cette partie est consacré aux outils de production – un bien grand mot… – livrés avec votre Mac. En attendant de vous offrir une suite de logiciels de bureautique comme iWork, voire le très professionnel Office de Microsoft, vous commencerez par utiliser ce dont vous disposez : un petit traitement de texte plus performant qu'il en à l'air ainsi qu'une calculette qui ne se limite pas aux quatre opérations. Vous utiliserez aussi le Mac pour gérer votre temps. Le travail terminé, passez à un loisir créatif comme la photo, la vidéo, ou écoutez de la musique pour vous délasser.

Bon à savoir...

Dans les différentes techniques exposées dans ce livre, vous serez amené à effectuer quelques manipulations.

Quand vous lirez qu'il faut appuyer sur ⌘+Maj+F, cela signifie que vous devrez appuyer sur la touche qui se trouve à gauche et à droite de la barre Espace, puis sur la touche Majuscule, puis sur la touche F, et les lâcher toutes.

Quand il est dit de cliquer sur Présentation > Rangement > Nom, cela signifie que vous devez cliquer sur Présentation, dans la barre de menus, puis glisser jusqu'à l'option Rangement, et glisser jusqu'à la sous-option Nom.

Certaines opérations nécessitent un clic du bouton droit. Si aucune souris n'est branchée au Mac, ou si la souris n'a qu'un seul bouton, il faut maintenir la touche Ctrl enfoncée et cliquer. Le clic du bouton gauche est implicite ; il n'est jamais mentionné, car il va de soi.

Enfin, beaucoup de manipulations peuvent être exécutées de deux, trois, voire quatre manières différentes (au travers d'un menu, au travers d'une boîte de dialogue, par un clic du bouton droit, par un raccourci clavier, etc). Afin de ne pas alourdir l'ouvrage, nous avons retenu celle qui nous semble la plus commode ou la plus intuitive. Les autres procédures sont parfois mentionnées, mais pas systématiquement. Ne vous étonnez donc pas de découvrir fortuitement, un jour, un autre moyen d'exécuter une commande ; cela fait partie des plaisirs de l'informatique.

Les pictogrammes

De temps en temps, et à vrai dire très souvent et même plus que cela, vous rencontrerez les deux pictogrammes suivants :

Ce pictogramme signale une astuce, une suggestion ou une information technique qui vous faciliteront la tâche.

Celui-ci met en garde contre un risque ou une complication potentielle, ou un quelconque désagrément. Lisez attentivement ce qui suit et tenez-en compte.

Un dernier mot : le système d'exploitation utilisé dans cet ouvrage est Mac OS X Snow Leopard 10.6.2, mais la majorité des techniques sont utilisables avec les versions précédentes.

Bernard Jolivalt

http://pagesperso-orange.fr/bjolivalt/

Première partie

Découvrir le Mac

"Quel réalisme ces effets d'affichage, ils ont mis le paquet chez Apple" !

Chapitre 1

Le Bureau

Le Bureau est la métaphore du meuble que l'on appelle communément « un bureau ». L'écran est le dessus de la table. Comme sur un vrai bureau, vous y déposerez des fichiers (votre travail) et des dossiers (comme ceux en carton, mais en plus sophistiqués).

Comme le Bureau est virtuel, il contient des éléments auxquels les employés aux écritures et secrétaires d'il y a quelques décennies n'auraient jamais rêvé, comme le Dock et le Dashboard, ou encore les fonctions Exposé et Space permettant d'afficher des Bureaux adaptés à des tâches particulières.

Mais surtout, bien connaître le Finder – qui n'est rien moins que l'environnement du Bureau du Mac – est indispensable pour accéder à toutes les ressources de votre ordinateur.

Afficher une fenêtre du Finder

Plusieurs actions permettent chacune d'afficher une fenêtre du Finder :

1. Double-cliquer sur l'icône Macintosh HD (Figure 1.1).

   Quand le Mac est tout neuf, l'icône Macintosh HD se trouve dans le coin supérieur gauche du Mac.

2. Cliquer sur Fichier > Nouvelle fenêtre Finder, dans la barre des menus en haut de l'écran, ou appuyez sur ⌘+N.

   Utilisez cette option (Figure 1.2) pour ouvrir de multiples fenêtres du Finder sur le Bureau.

3. Cliquer sur l'icône du Finder dans le Dock (Figure 1.3), en bas de l'écran.

   Cliquer du bouton droit sur l'icône du Finder (ou Ctrl+clic) déploie un menu comportant une option Nouvelle fenêtre du Finder. Utilisez-la pour ouvrir d'autres fenêtres de Finder.

4. Appuyer sur les touches ⌘+N.

   Ce raccourci fonctionne uniquement si aucune application n'est active.

5. Double-cliquer sur un dossier.

   Tous les dossiers s'ouvrent dans une fenêtre du Finder.

Figure 1.1 : L'icône Macintosh HD.

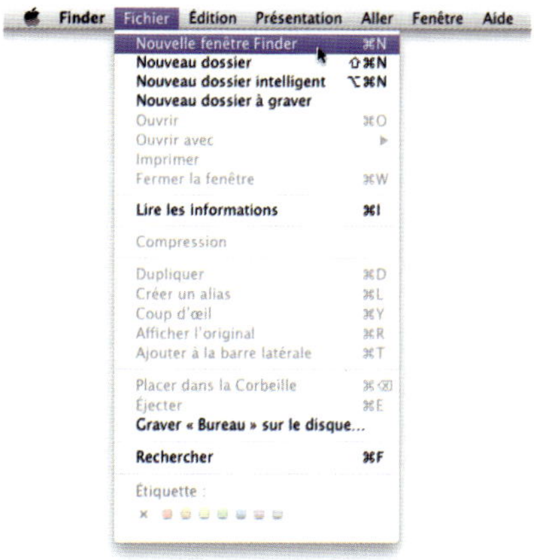

Figure 1.2 : Le menu Fichier du Finder.

Figure 1.3 : L'icône du Finder est la première à gauche.

Présenter par icônes

1. Ouvrez une fenêtre du Finder en utilisant l'une des cinq actions présentées dans la technique précédente.
2. Cliquez sur l'icône la plus à gauche, parmi les quatre icônes d'affichage en haut à gauche de la fenêtre (Figure 1.4).
3. Si la taille des icônes est réglable : cliquez sur le curseur de la glissière en bas à droite, puis actionnez-la pour modifier leur dimension (si le volet à gauche est masqué en cliquant sur le bouton en haut à droite, la glissière est déplacée en haut à droite).

Les icônes sont des pictogrammes carrés de 16 pixels de côté minimum et 512 pixels de côté maximum.

Si vous voulez que le contenu d'un dossier soit toujours présenté sous la forme d'une icône, cliquez du bouton droit dans le dossier (ou Ctrl+clic). Tout en haut du panneau qui apparaît, cochez la case Toujours présenter par icônes (Figure 1.5).

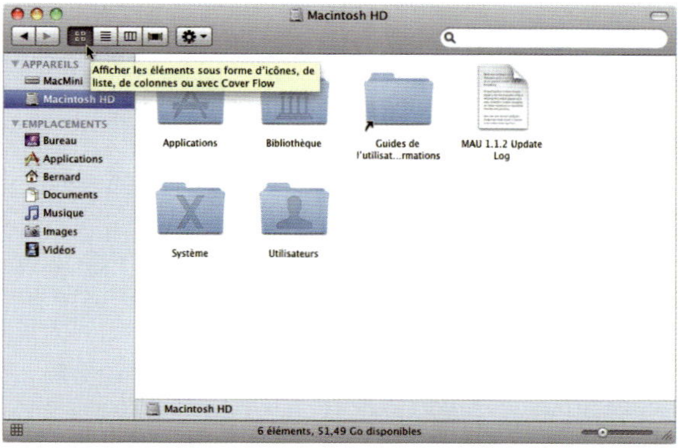

Figure 1.4 : L'affichage des éléments sous forme d'icône.

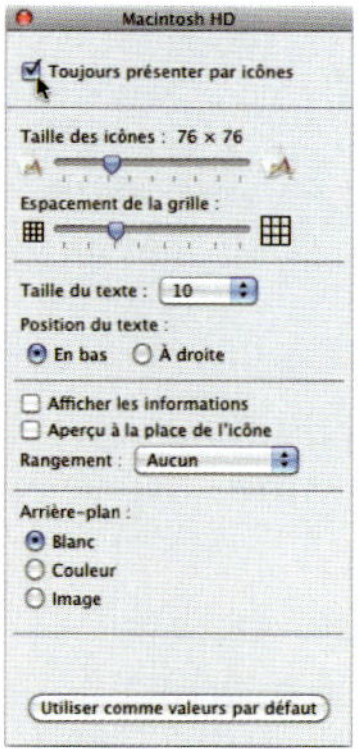

Figure 1.5 : La fenêtre s'ouvrira toujours en affichant des icônes.

Ranger les icônes

1. Cliquez du bouton droit (ou Ctrl+clic) dans une fenêtre du Finder, ou dans le Bureau.
2. Dans le menu contextuel, cliquez sur Rangement (Figure 1.6) puis choisissez l'une des six options suivantes :
   - **Nom** : Les icônes s'alignent dans l'ordre alphabétique de leur nom de fichiers. C'est sans doute l'option que vous utiliserez le plus souvent.
   - **Date de modification :** Cette option est surtout commode pour les autres affichages (liste, colonnes ou Cover Flow). Les fichiers modifiés en dernier apparaissent en haut à gauche dans la fenêtre.
   - **Date de création** : Mêmes remarques que pour l'option précédente, sauf que la date de création est prise en compte.
   - **Taille** : Le rangement est effectué selon la taille des fichiers (en octets, kilo-octets, méga-octets et giga-octets).
   - **Type** : Les éléments sont classés selon l'extension de leur nom de fichier (les extensions se suivent dans l'ordre alphabétique).
   - **Étiquette** : Les éléments sont classés selon les étiquettes qui leur ont été attribuées (voir technique « Affecter une étiquette à une icône », plus loin dans ce chapitre).

Un autre moyen de ranger les icônes, moins rapide, consiste à cliquer du bouton droit dans une fenêtre du Finder ou dans un dossier, et choisir Afficher les options de présentation. Dans ce panneau (Figure 1.7), le menu Rangement contient les six options précédentes, plus deux autres :

- **Aucun** : Les icônes restent là ou vous les placez.
- **Aligner sur la grille** : Les icônes se positionnent sur l'emplacement le plus proche d'une grille imaginaire.

Quand l'une de ces options est active, le menu contextuel Rangement contient une commande Aligner. Si l'option Aligner sur la grille est active, le menu Rangement > Aligner place les icônes sur la grille imaginaire

Toutes ces commandes ainsi que leurs raccourcis clavier se trouvent également dans la barre de menus, sous l'option Présentation.

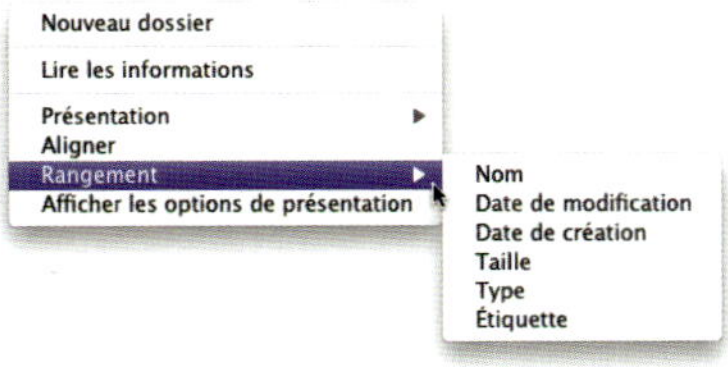

Figure 1.6 : Alignez rapidement les icônes avec l'une des options de rangement.

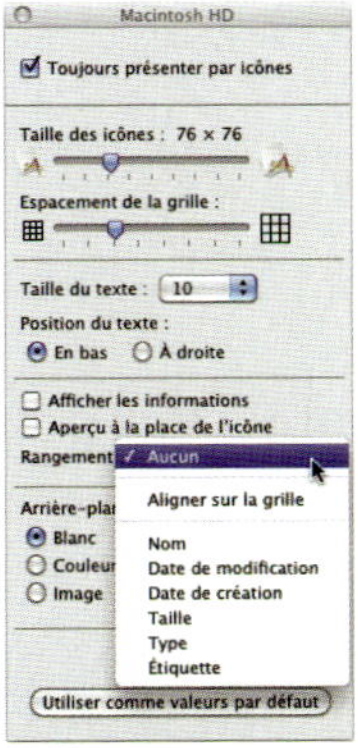

Figure 1.7 : Alignez rapidement les icônes sur le côté droit de l'écran ou sur une grille imaginaire.

Régler la taille et l'espacement des icônes

1. Cliquez du bouton droit (ou Ctrl+clic) dans une fenêtre du Finder, ou dans le Bureau, et dans le menu contextuel, choisissez Affichez les options de présentation.
2. Actionnez la glissière Taille des icônes, en choisissant une taille de 48 x 48 pixels jusqu'à 512 x 512 pixels.

La taille maximale des icônes peut paraître gigantesque, mais elle est fort commode pour visionner des photos ou la première image des fichiers vidéo, comme expliqué à la prochaine technique, « Utiliser un aperçu comme icône ».

Si vous avez modifié la taille des icônes, la taille du texte qui se trouve dessous n'est probablement plus adaptée.

3. Réglez la taille des caractères des icônes en cliquant sur le menu Taille du texte. Choisissez un corps entre 10 et 16.
4. Actionnez la glissière Espacement de la grille (Figure 1.8) tout en observant l'écartement ou le rapprochement des icônes.
5. Cliquez sur le bouton en haut à gauche du panneau d'options pour le fermer.

L'intervalle maximal ou minimal dépend de la taille des icônes réglée, soit avec la glissière Taille des icônes, soit avec la glissière en bas à droite des fenêtres du Finder. Les icônes ne peuvent en aucun cas être trop rapprochées et se chevaucher.

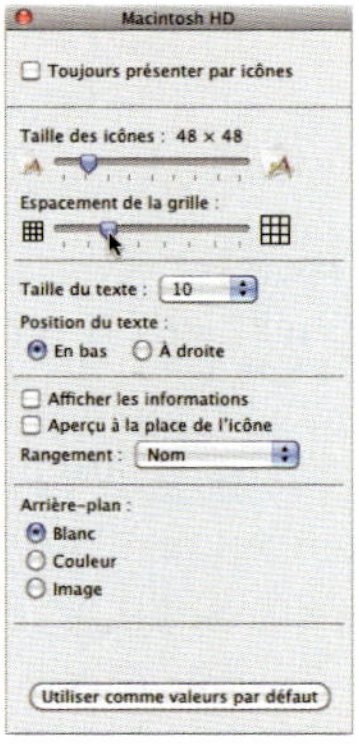

Figure 1.8 : Réglez l'apparence des icônes dans ce panneau.

Utiliser un aperçu comme icône

1. Assurez-vous que la fenêtre du Finder affiche des icônes (Figure 1.9).
2. Cliquez du bouton droit (ou Ctrl+clic) dans une fenêtre du Finder, ou dans le Bureau, et dans le menu contextuel, choisissez Affichez les options de présentation.
3. Dans le panneau des options de présentation, cochez la case Aperçu à la place de l'icône. L'icône générique d'un certain nombre de fichiers est remplacée par une représentation du contenu (Figure 1.10).

Les aperçus suivants peuvent être notamment représentés dans les fenêtres du Finder et sur le Bureau (la liste est loin d'être exhaustive) :

- **Les fichiers d'image** aux formats BMP, JPEG, PIC, PSD (Photoshop), TIFF, certaines photos au format Raw (DNG, CR2, NEF, ORF…).
- **Les fichiers de bureautique,** notamment ceux des traitements de texte : DOC, DOCX, (Word), Pages, PDF, RTF, TXT, mais aussi les tableurs comme Numbers, XLS, XLSX (Excel) ou les logiciels de présentation : Keynotes, PPS (PowerPoint)…
- **Les fichiers vidéo :** 3GP, AVI, MOV (QuickTime), MPEG, etc. L'icône est animée et sonorisée : cliquez dessus pour la visionner.
- **Les dossiers audio :** M4P (affichage de la pochette de l'album). Le morceau peut être écouté.
- **Les fichiers Internet :** HTM, HTML…

4. Cliquez sur le bouton en haut à gauche du panneau d'options pour le fermer.

Affichez systématiquement l'aperçu de vos photos numériques afin de les localiser plus facilement.

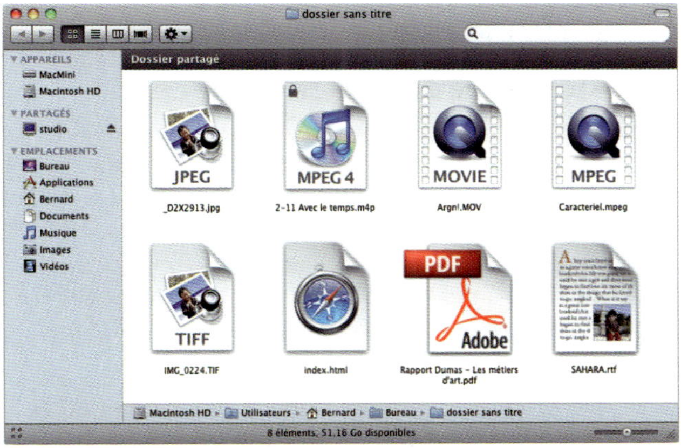

Figure 1.9 : Seules des icônes génériques sont affichées.

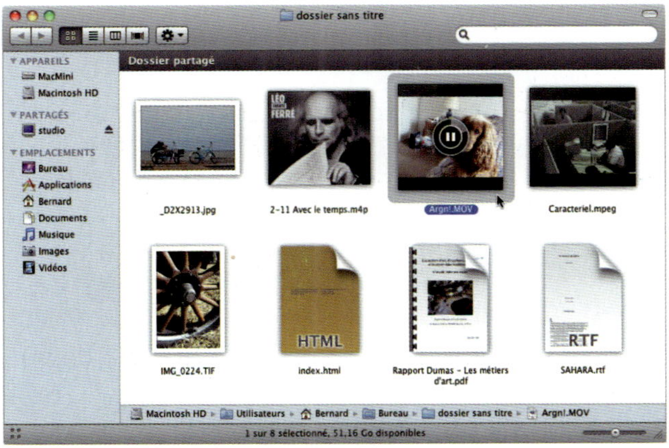

Figure 1.10 : L'aperçu des fichiers vidéo est animé et sonorisé.

Affecter une étiquette à une icône

1. Cliquez sur l'icône du bouton droit.
2. Descendez tout en bas du menu et, sous Étiquette, cliquez sur le carré de la couleur à attribuer à l'icône (Figure 1.11).

   Les étiquettes permettent de grouper des dossiers ou des fichiers par thèmes (Figure 1.12).

Une étiquette peut aussi être affectée à des éléments présentés sous forme de liste, de colonnes ou de Cover Flow.

Pour effacer une étiquette, répétez l'opération mais, au lieu de choisir une couleur, cliquez sur la croix (x) à gauche des couleurs.

Figure 1.11 : Choisissez une couleur pour l'étiquette.

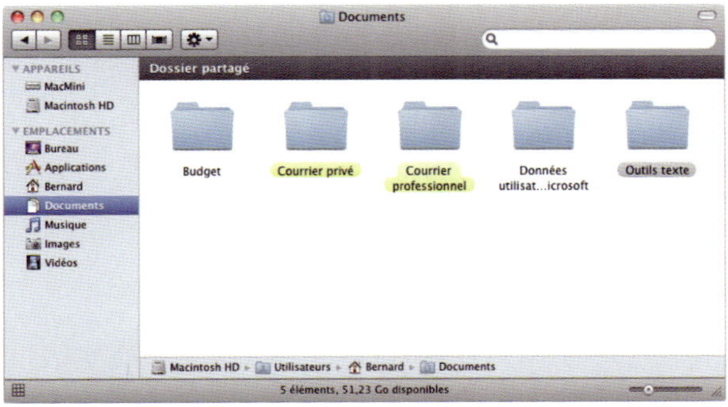

Figure 1.12 : Choisissez une couleur pour l'étiquette.

Nommer les étiquettes

1. Que vous ayez déjà attribué des étiquettes ou non, cliquez à un endroit vide du Bureau.
2. Dans la barre de menu, cliquez sur Finder > Préférences.
3. Dans la boîte de dialogue Préférences du Finder, cliquez sur l'onglet Étiquettes.
4. Cliquez dans les champs et renommez-les à votre convenance (Figure 1.13).
5. Cliquez sur le bouton rouge de fermeture, en haut à gauche de la boîte de dialogue Préférences du Finder.

   Désormais, quand vous attribuez une étiquette, le nom saisi à l'Étape 4 est affiché, plutôt que sa couleur (Figure 1.14).

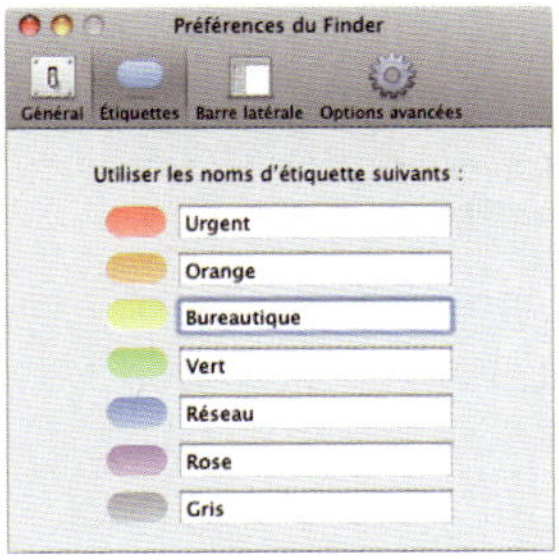

Figure 1.13 : Définissez la signification des étiquettes.

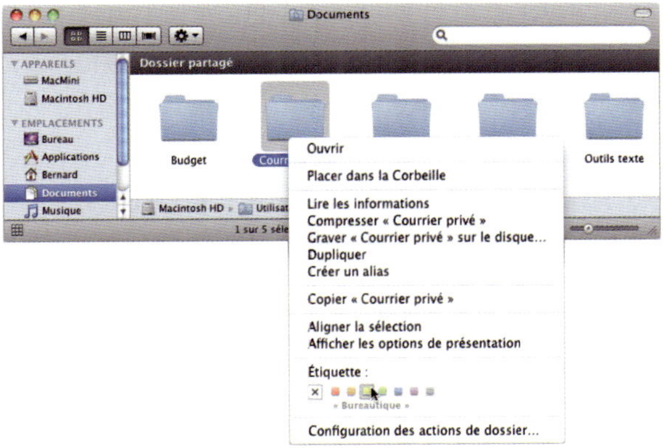

Figure 1.14 : La catégorie est affichée plutôt que la couleur.

Afficher les informations

1. Ouvrez un dossier contenant des éléments (Figure 1.15).
2. Cliquez du bouton droit (ou Ctrl+clic) dans le dossier et, dans le menu contextuel, choisissez Affichez les options de présentation.
3. Dans le panneau des options de présentation, cochez la case Afficher les informations.

   Quelques informations apparaissent sous le nom des éléments (Figure 1.16). Leur nature varie selon la nature de l'élément :

   - **Dossier** : Nombre d'éléments qu'il contient (mais pas le nombre d'éléments dans les sous-dossiers).
   - **Texte** : Taille du fichier.
   - **Images** : Dimensions en pixels.
   - **Audio, vidéo** : Durée du morceau ou du film.
4. Cliquez sur le bouton en haut à gauche du panneau d'options pour le fermer.

Les informations sont fournies même si l'aperçu des icônes n'est pas affiché. Certains éléments n'ont pas droit à une information. Dans ce cas, pour connaître la taille du fichier, affichez-le sous la forme de liste (voir technique suivante).

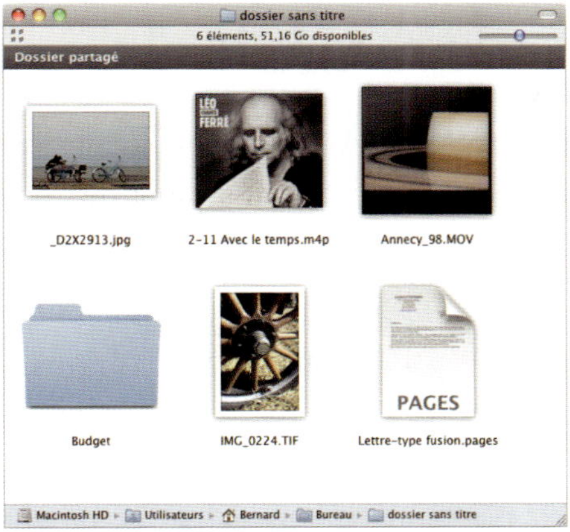

Figure 1.15 : Quelques icônes dans un dossier.

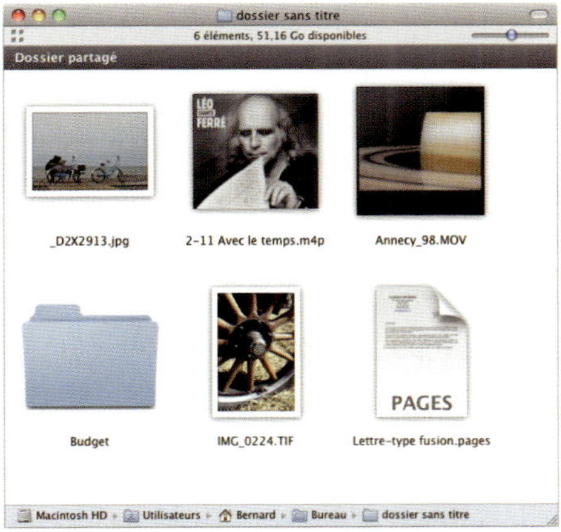

Figure 1.16 : L'information varie selon l'élément.

Présenter en liste

1. Ouvrez une fenêtre du Finder en utilisant l'une des cinq actions présentées dans la première technique de ce livre.
2. Cliquez sur la seconde icône à partir de la gauche, parmi les quatre icônes d'affichage en haut à gauche de la fenêtre (Figure 1.17).
3. Cliquez sur les triangles à gauche dans chaque ligne pour déployer le contenu du dossier. Les sous-dossiers peuvent se trouver sur plusieurs niveaux.
4. Réglez la largeur d'une colonne en plaçant le pointeur de la souris entre le séparateur de colonnes, entre deux en-têtes. Cliquez et tirez pour régler la colonne de gauche (Figure 1.18).

La présentation en liste est commode pour parcourir rapidement l'arborescence des dossiers et obtenir instantanément des informations aussi utiles que la taille des fichiers et la date de leur dernière modification, ou encore leur type.

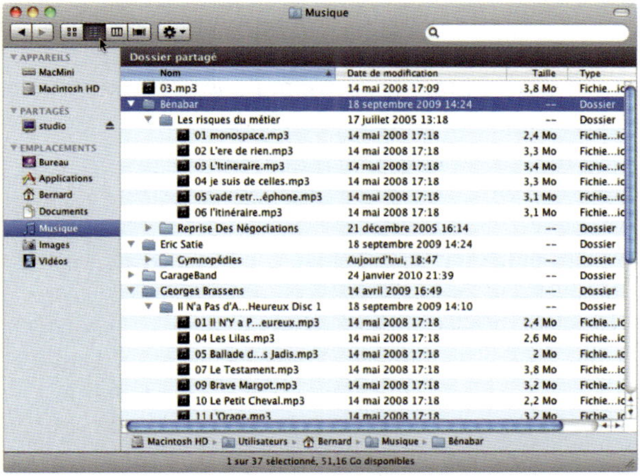

Figure 1.17 : L'affichage des éléments sous forme de liste.

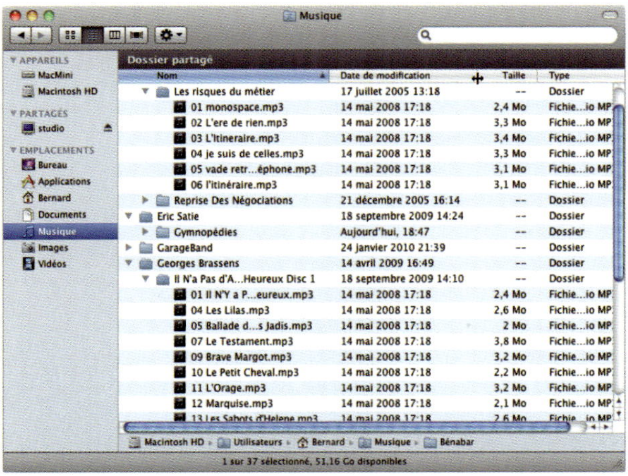

Figure 1.18 : Réglage de la largeur de la colonne Date de modification.

Ajouter de nouvelles colonnes à la liste

1. Accédez à une fenêtre du Finder – un dossier – affichée sous forme de liste.
2. Cliquez du bouton droit (ou Ctrl+clic) dans la fenêtre et, dans le menu contextuel, choisissez Affichez les options de présentation.

   Dans le panneau de la Figure 1.19, les colonnes affichées sont cochées.
3. Cochez ou décochez les colonnes à afficher ou à masquer.
4. Cliquez sur le bouton en haut à gauche du panneau d'options pour le fermer.

Vous pouvez aussi déplacer les colonnes et donc les permuter. Pour cela, cliquez sur l'en-tête d'une colonne puis, bouton de la souris enfoncé, tirez vers la droite ou vers la gauche (Figure 1.20). Les colonnes en place s'écartent pour faire de la place ; relâchez le bouton de la souris. Notez que la colonne Nom ne peut jamais être déplacée.

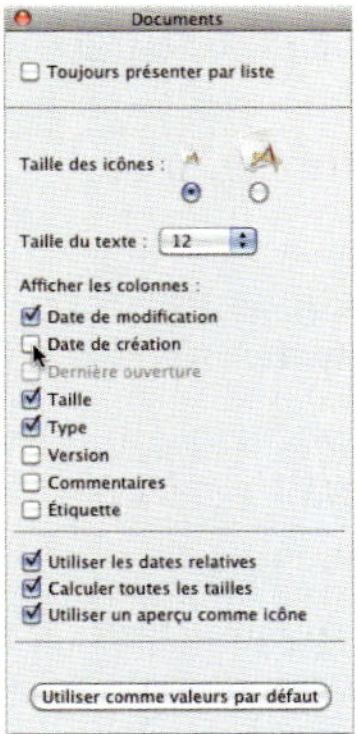

Figure 1.19 : Choisissez les colonnes à afficher ou non.

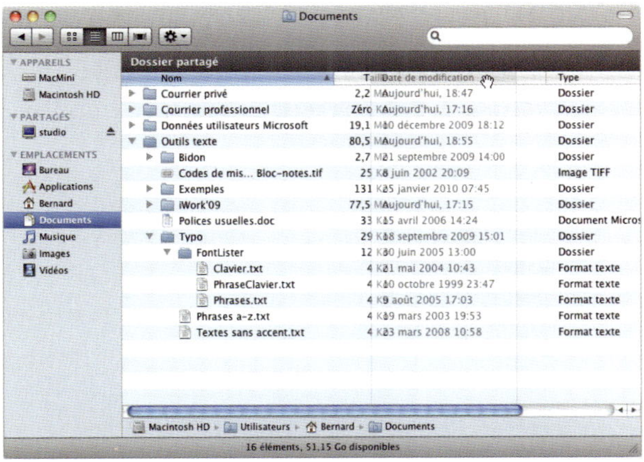

Figure 1.20 : La colonne Date de modification est tirée vers la gauche, avant la colonne Taille.

Trier les colonnes

1. Assurez-vous que le dossier est affiché sous forme de liste (Figure 1.21).

   Sinon, cliquez sur la deuxième icône à partir de la gauche, dans le sélecteur d'affichage en haut à gauche de la fenêtre.

2. Pour trier les éléments selon leur encombrement sur le disque dur, cliquez dans l'en-tête de la colonne Taille.

   Les éléments sont classés du plus volumineux au moins volumineux (Figure 1.22).

Pour trier dans l'ordre inverse, cliquez de nouveau dans l'en-tête.

Toutes les colonnes peuvent être triées. Un petit triangle à droite dans l'en-tête indique l'ordre du tri : croissant lorsqu'il pointe vers le haut, décroissant lorsqu'il pointe vers le bas.

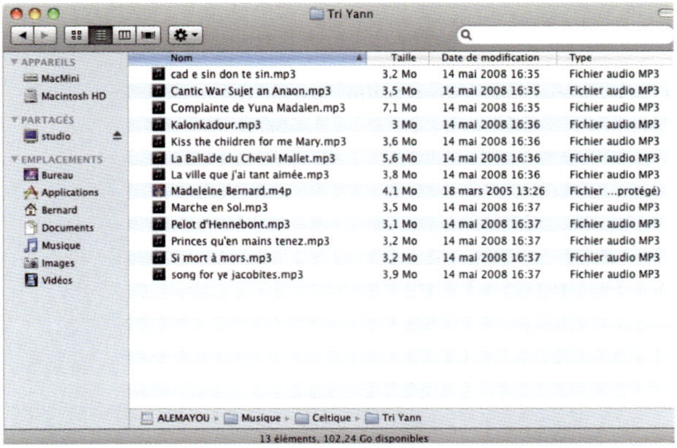

Figure 1.21 : Par défaut, les éléments sont classés par ordre alphabétique.

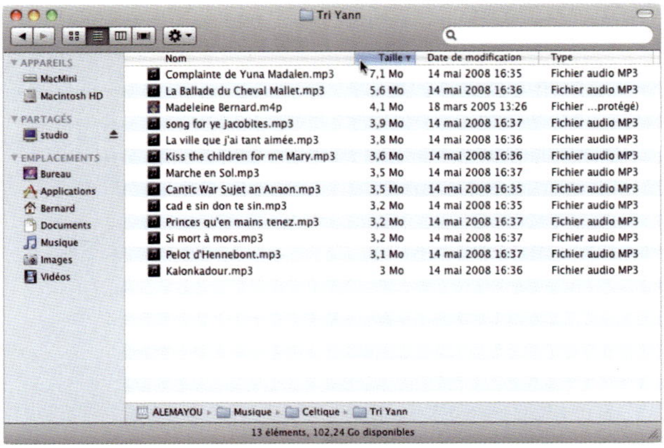

Figure 1.22 : La colonne Taille vient d'être triée en ordre décroissant.

Présenter en colonne

1. Ouvrez une fenêtre du Finder en utilisant l'une des cinq actions présentées dans la première technique de ce livre.
2. Cliquez sur la troisième icône à partir de la gauche, parmi les quatre icônes d'affichage en haut à gauche de la fenêtre (Figure 1.23).
3. Cliquez sur un dossier pour faire apparaître la colonne suivante, à droite. Pour reculer vers la gauche, actionnez le curseur de défilement sous la fenêtre, ou cliquez sur le bouton fléché Gauche (en haut à gauche de la fenêtre).

   Vous pouvez également circuler très rapidement parmi les éléments et les colonnes à l'aide des touches fléchées du clavier.

4. Pour régler la largeur d'une colonne, cliquez sur la double barre en bas de son séparateur de droite (Figure 1.24).

   La présentation en colonnes est parfaite pour parcourir des photos. La colonne d'aperçu peut afficher les photos et les vidéos avec une résolution de 640 x 480 pixels. Les vidéos peuvent être visionnées, les fichiers PDF feuilletés, etc.

Si la colonne d'aperçu n'est pas visible, cliquez du bouton droit dans la fenêtre (ou Ctrl+clic) et choisissez Afficher les options de présentation. Dans le panneau, cochez la case Afficher la colonne d'aperçu.

Figure 1.23 : L'affichage des éléments sous forme de colonnes.

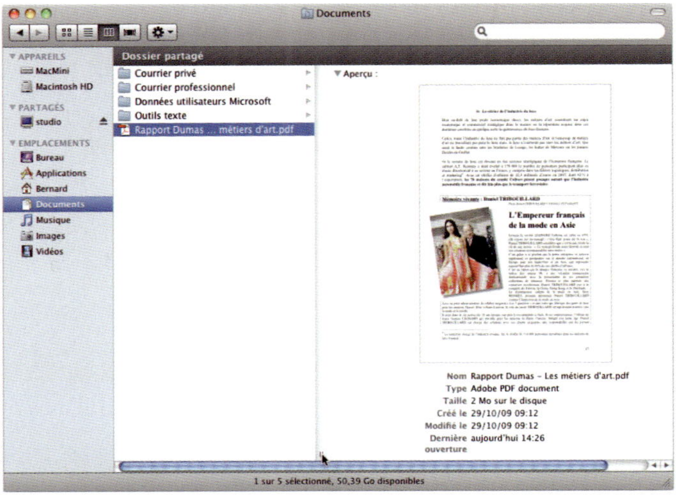

Figure 1.24 : Elargissez une colonne en tirant la double barre en bas d'un séparateur.

Présenter avec Cover Flow

1. Cliquez sur la quatrième icône à partir de la gauche, parmi les quatre icônes d'affichage en haut à gauche de la fenêtre (Figure 1.25).
2. Utilisez la liste sous le visuel pour naviguer jusqu'au dossier désiré.
3. Actionnez le curseur de défilement noir, au pied de la fenêtre de visualisation, pour parcourir les dossiers et les fichiers. Vous pouvez aussi double-cliquer dessus dans la fenêtre Liste, sous le visuel.

La présentation Cover Flow sert surtout à regarder les photos, les vidéos, la pochette des morceaux de musique (qui peuvent être écoutés), les fichiers PDF (feuilletables en cliquant dessus), etc. En ce qui concerne les autres éléments, seule leur icône générique est affichée.

4. Pour agrandir ou réduire le visuel du Cover Flow, cliquez entre la barre de défilement noire et la liste puis, bouton de la souris enfoncé, tirez vers le bas ou vers le haut (Figure 1.26). Notez toutefois qu'aucune des deux parties ne peut occuper la totalité de la fenêtre.

Figure 1.25 : L'affichage Cover Flow convient uniquement aux éléments graphiques.

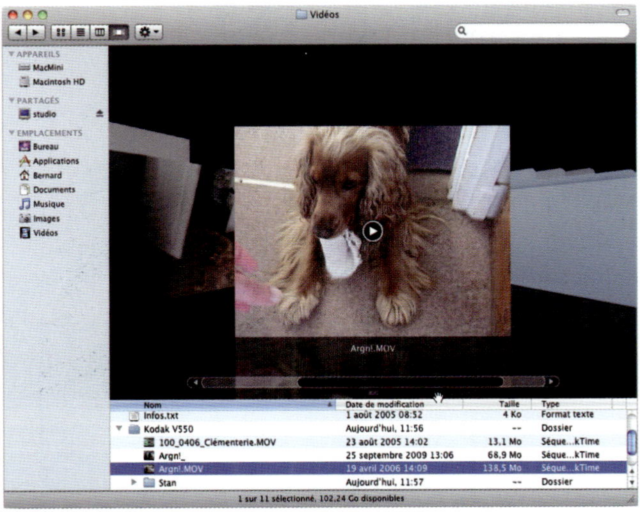

Figure 1.26 : Agrandissez ou réduisez les fenêtres.

Afficher le chemin d'accès

1. Ouvrez un dossier. Comme le montre la Figure 1.27, il est impossible de savoir où il se trouve sur le disque dur (hormis en affichant les informations du dossier en cliquant du bouton droit dans une partie vide et en choisissant Lire les informations).
2. Dans la barre de menus du Finder, cliquez sur Présentation > Afficher la barre du chemin d'accès.

   Le chemin est affiché en bas de la fenêtre (Figure 1.28)

L'affichage du chemin d'accès offre un avantage appréciable : La possibilité d'accéder à n'importe quel dossier en amont de celui où vous vous trouvez, en cliquant sur l'un des dossiers du chemin.

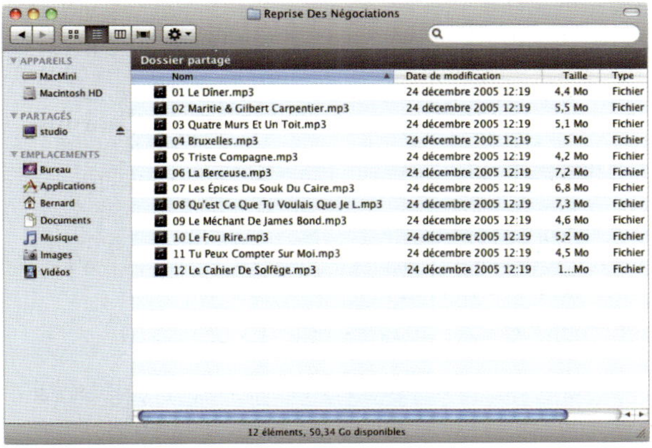

Figure 1.27 : Aucune information ne permet de savoir où se trouve le dossier dans l'ordinateur.

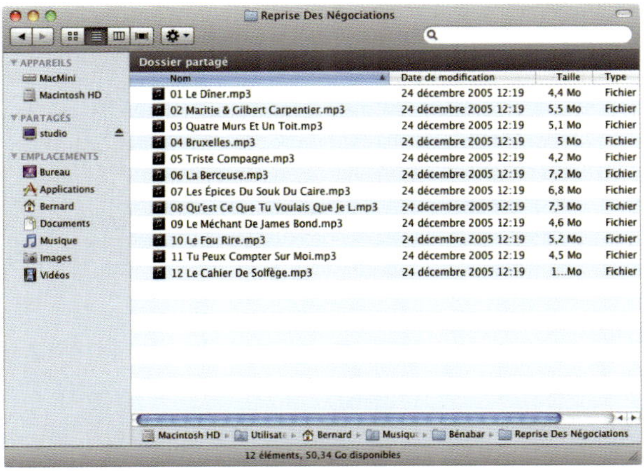

Figure 1.28 : Les dossiers et sous-dossiers sont à présent affichés sous la fenêtre.

Personnaliser la barre latérale

1. Dans la barre de menus du Finder, cliquez sur Finder > Préférences.
2. Cliquez sur l'onglet Barre latérale (Figure 1.29).
3. Examinez attentivement chaque élément. Cochez ceux qui doivent apparaître dans la barre latérale, à gauche des fenêtres de Finder et de dossiers. Décochez ceux qui ne vous concernent pas.

   Si votre Mac n'est pas relié en réseau à d'autres ordinateurs, les options de la rubrique Partagés encombrent inutilement la barre latérale.

Ne décochez toutefois pas l'option Disques externes, même si vous n'en possédez pas encore. Car le jour où vous en connecterez un à votre Mac, vous serez bien content de le voir apparaître dans le Finder.

Pour masquer la barre de titre ainsi que la barre latérale (Figure 1.30) et gagner ainsi de la place, cliquez sur le petit bouton ovale en haut à droite de la fenêtre.

Vous pouvez aussi accéder aux préférences de la barre latérale en cliquant dessus du bouton droit et en choisissant l'unique option du menu.

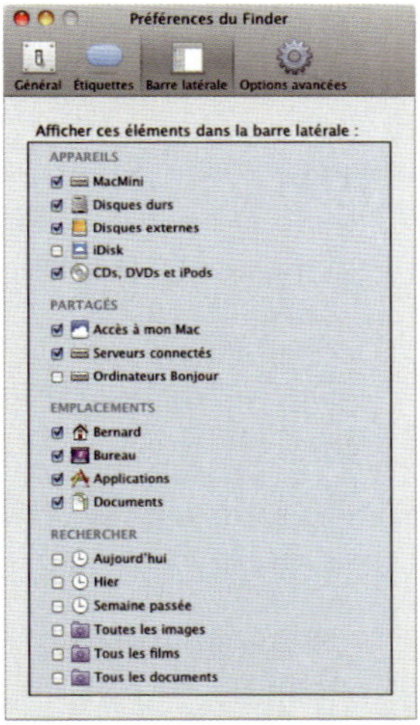

Figure 1.29 : Tous les éléments affichables et affichés dans la barre latérale se trouvent dans ce panneau.

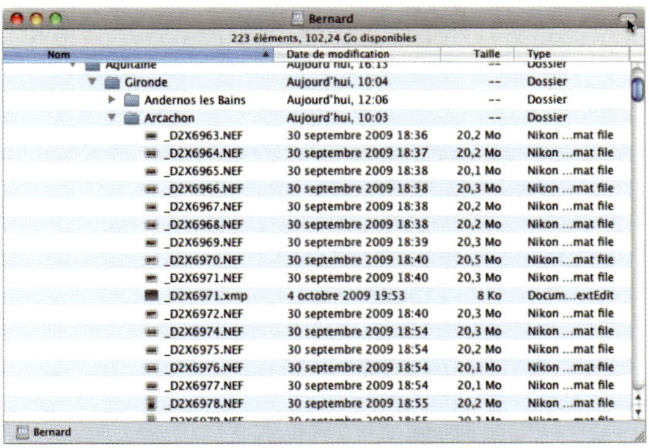

Figure 1.30 : Un dossier sans barre de titre ni barre latérale.

Réduire une fenêtre dans le Dock

1. Pour réduire une fenêtre dans le Dock, cliquez sur le bouton jaune marqué d'un signe « - », en haut à gauche parmi les trois boutons de gestion des fenêtres (Figure 1.31).
2. Pour réafficher une fenêtre réduite, amenez le pointeur de souris sur la partie droite du Dock, en bas de l'écran, et survolez les éléments qui s'y trouvent. Quand le nom de la fenêtre à ouvrir apparaît, cliquez dessus (Figure 1.32). La fenêtre est de nouveau affichée.

Vous pouvez choisir l'effet graphique par lequel une fenêtre s'en va vers le dock et réapparaît. Pour cela, cliquez sur la pomme, dans le menu Finder, et choisissez Dock > Préférences du Dock. Dans le panneau Dock, choisissez l'un des deux types de réduction : Effet génie (la fenêtre rejoint le Dock comme le génie Aladin dans sa lampe) ou Effet d'échelle (la fenêtre se contente de rapetisser).

Double-cliquer dans la barre de titre produit le même effet que cliquer sur le bouton jaune.

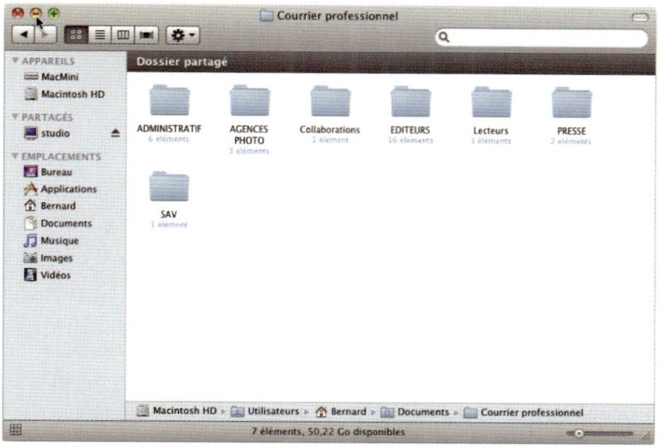

Figure 1.31 : Cliquez sur ce bouton pour réduire une fenêtre dans le Dock.

Figure 1.32 : Cliquez sur cet élément pour le réafficher.

Agrandir une fenêtre en plein écran

Pour agrandir une fenêtre en plein écran, cliquez sur le bouton vert marqué d'un signe « + », en haut à gauche parmi les trois boutons de gestion des fenêtres (Figure 1.33).

Cette action ne fonctionne qu'avec les applications (les logiciels, si vous préférez). Pour ouvrir une fenêtre de dossier en plein écran, la seule solution est fruste, manuelle mais efficace :

1. Faites glisser la fenêtre jusque dans le coin supérieur gauche de l'écran, puis tirez le coin inférieur droit de la fenêtre jusque dans le coin inférieur droit de l'écran (Figure 1.34).
2. Vous pouvez tour à tour réduire la fenêtre à sa taille antérieure (pour dégager le Bureau, par exemple) et l'agrandir de nouveau en plein écran en cliquant sur le bouton vert.

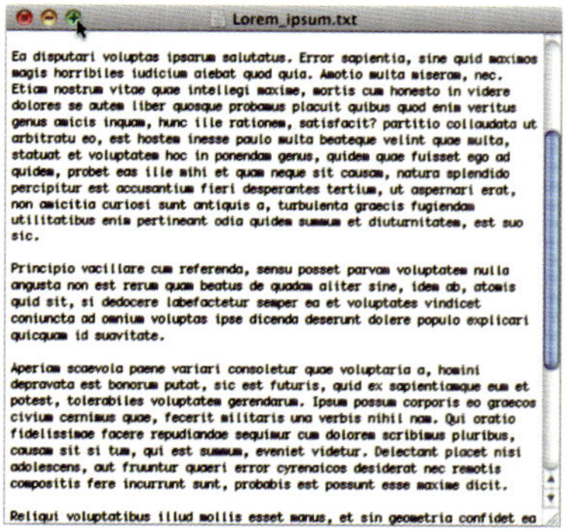

Figure 1.33 : Cliquez sur ce bouton pour que la fenêtre occupe tout l'écran.

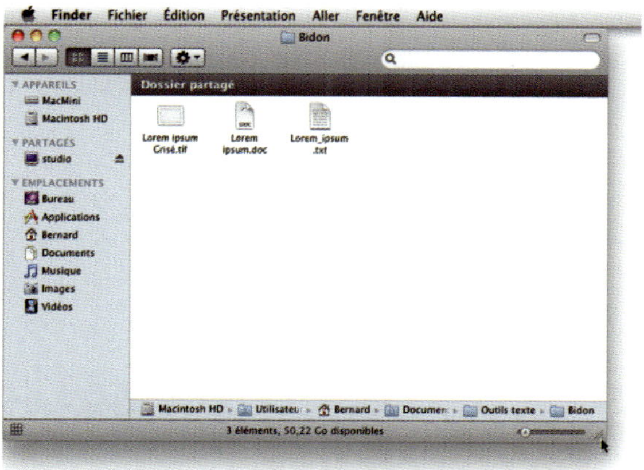

Figure 1.34 : Tirez le coin de la fenêtre jusque dans le coin de l'écran.

Ouvrir le Finder dans un dossier spécifique

1. Pour qu'une nouvelle fenêtre du Finder s'ouvre immédiatement sur un dossier que vous utilisez toujours, comme Courrier (que vous avez bien sûr créé dans Documents), cliquez sur Finder > Préférences.
2. Cliquez si nécessaire sur l'onglet Général.
3. Sous la mention Les nouvelles fenêtres du Finder ouvrent, cliquez sur le menu et faites votre choix (Figure 1.35).
4. Dans le menu, choisissez l'option Autre.

   Un sélecteur de fichier apparaît.
5. Naviguez jusqu'au dossier à utiliser puis cliquez sur Sélectionner (Figure 1.36).

   L'option Courrier apparaît dans le menu des préférences du Finder. Désormais, chaque fenêtre que vous ouvrirez sera celle du dossier Courrier.

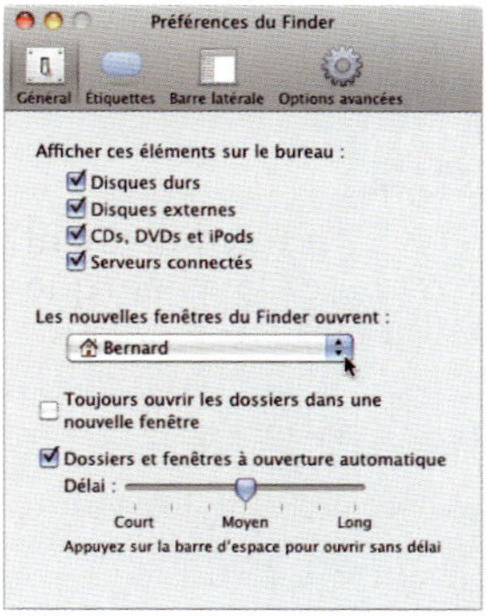

Figure 1.35 : Accédez aux préférences du Finder.

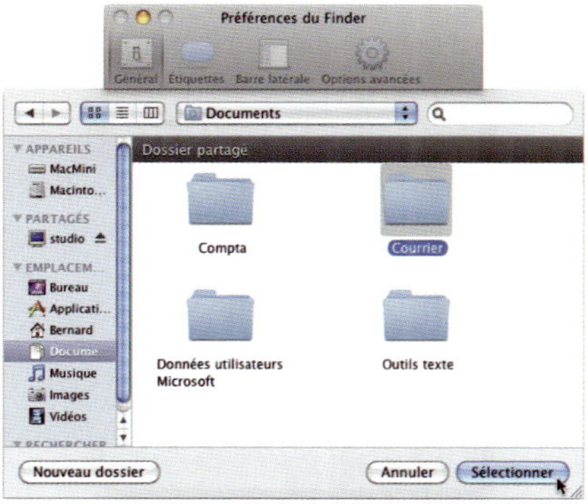

Figure 1.36 : Choisissez le dossier que le Finder devra toujours ouvrir.

Personnaliser la barre d'outils

1. Ouvrez une fenêtre du Finder (peu importe laquelle) puis, dans la barre de menus, choisissez Présentation > Personnaliser la barre d'outils.

   Le panneau d'outils se déploie par-dessus la fenêtre.

2. Choisissez l'outil à placer dans la barre de titre. Un aperçu, dans l'encadré en bas du panneau, montre les outils déjà présents.

3. Faites glisser un outil, comme Graver (Figure 1.37) jusque sur la barre de titre au-dessus du panneau, ou si vous le préférez, jusque dans l'aperçu sous les outils, et déposez-le.

4. Ajoutez éventuellement d'autres outils (remarquez les outils Séparateur, Espace et Espace ajustable utiles pour peaufiner la présentation). L'option Afficher, en bas à gauche du panneau, permet de n'afficher que des icônes, que du texte, ou des icônes et du texte.

5. Pour supprimer un outil de la barre de titre, cliquez dessus et tirez-le jusque sur le Bureau. Il disparaît dans un petit nuage.

6. La personnalisation achevée, cliquez sur le bouton Terminer. La Figure 1.38 montre une fenêtre personnalisée.

Cette technique modifie toutes les fenêtres déjà ouvertes, et toutes celles qui seront ouvertes.

Figure 1.37 : Faites glisser l'outil à placer dans la barre de titre.

Figure 1.38 : Les outils Supprimer et Nouveau dossier ont été placés à gauche du champ de recherche ovale, et le nouvel outil Graver a été placé à droite.

Masquer le Dock

1. À gauche dans la barre de menus du Finder, cliquez sur la pomme > Dock > Activer le masquage (Figure 1.39).

   Le Dock disparaît aussitôt sous l'écran, libérant de la place.

2. Approchez le pointeur de la souris du bord inférieur de l'écran. Le Dock réapparaît.

3. Exécutez l'action désirée dans le Dock. Eloignez ensuite la souris ; le Dock disparaît de nouveau.

Dans le Dock, l'icône de l'application iCal, le calendrier du Mac, indique toujours la date du jour (Figure 1.40).

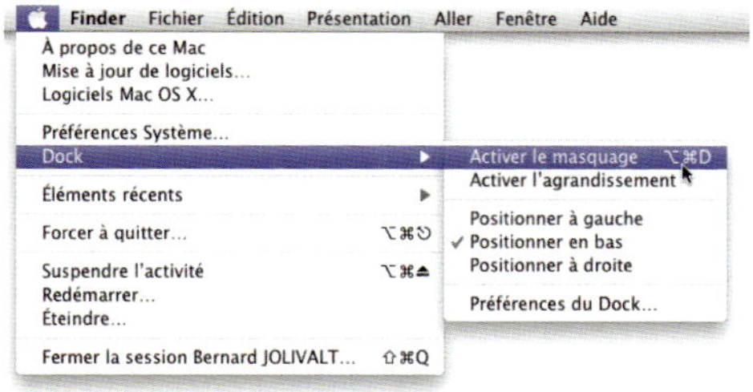

Figure 1.39 : Activez le masquage du Dock.

Figure 1.40. L'icône d'iCal indique le mois et le jour actuels.

Déplacer des icônes dans le Dock

1. Dans le Dock, cliquez sur une icône à déplacer et, bouton de la souris enfoncé, tirez-la vers la droite ou vers la gauche (Figure 1.41).
2. Les icônes en place s'éloignent les unes des autres au passage de l'icône en mouvement pour lui faire de la place.
3. Lorsque l'icône a rejoint l'emplacement de destination, lâchez le bouton de la souris.

Si vous libérez l'icône hors du Dock, sur le Bureau, elle disparaît dans un nuage.

Faire disparaître une icône du Dock ne supprime pas le programme auquel elle est associée. Reportez-vous à la technique « Placer une application dans le Dock », au Chapitre 7 (« Les outils de production »), pour apprendre comment la remettre en place.

Figure 1.41 : Tirez l'icône vers la droite ou vers la gauche.

Modifier la taille du Dock

1. Amenez le pointeur de souris sur les petits pavés qui séparent la vaste partie gauche du Dock, réservée aux applications, de la partie à droite réservée aux fenêtre réduites ainsi qu'au dossier Téléchargements et à la Corbeille.
2. Tirez le pointeur de la souris vers le haut ou vers le bas pour agrandir ou réduire la largeur du Dock et la taille des icônes qui s'y trouvent.

Une autre façon de régler le Dock consiste à cliquer, dans la barre de menu Finder, sur le menu Pomme > Dock > Préférences du Dock. Actionnez ensuite la glissière Taille (Figure 1.43). Recourir à cette technique n'est pas très commode lorsque le Dock est masqué.

Figure 1.42 : Tirez le curseur vers le haut ou vers le bas pour régler la taille du Dock.

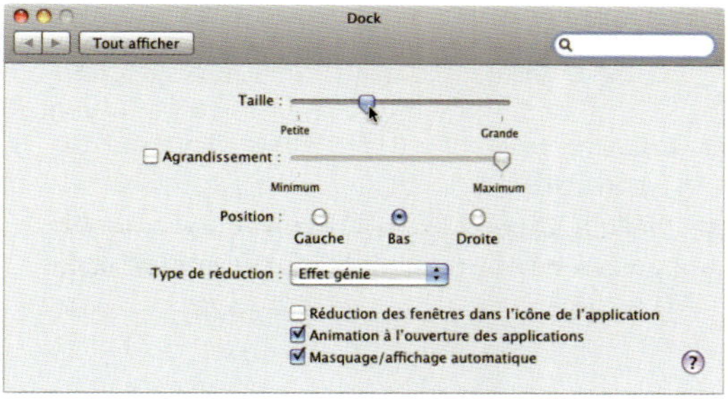

Figure 1.43 : La taille du Dock peut être réglée dans les préférences.

Modifier les effets du Dock

1. Dans la barre de menu Finder, cliquez sur le menu Pomme > Dock > Préférence du Dock.
2. Cochez la case Agrandissement (Figure 1.44).

   Désormais, l'icône survolée par le pointeur de la souris, dans le Dock, grossit (Figure 1.45).
3. Si l'effet vous paraît exagéré, tirez le curseur de la commande Agrandissement vers Minimum.

   Le grossissement maximal est identique quelle que soit la taille d'affichage du Dock. De ce fait, l'effet est beaucoup plus spectaculaire quand le Dock est de petite taille que quand il est fortement agrandi.

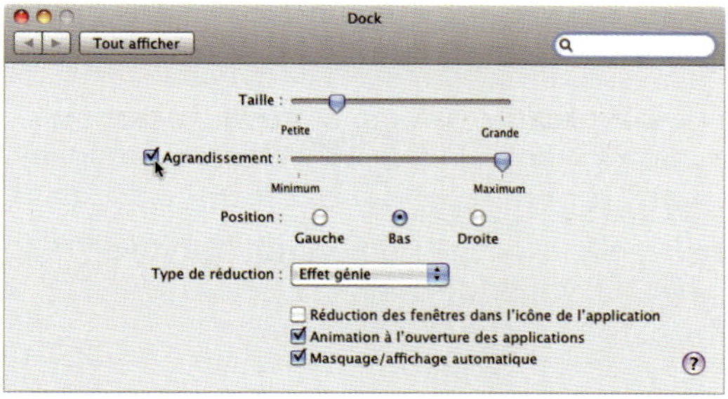

Figure 1.44 : Activez l'agrandissement de l'icône survolée, dans le Dock.

Figure 1.45 : Les icônes du Dock enflent au passage de la souris.

Vider la Corbeille

1. Jetez un coup d'œil à la Corbeille, à droite dans le Dock, pour voir si elle contient des éléments (Figure 1.46). Le plus prudent est cependant de cliquer sur l'icône pour vérifier son contenu.
2. Pour vider la Corbeille, cliquez dessus du bouton droit (ou Ctrl+clic) et dans le menu, choisissez Vider la Corbeille (Figure 1.47).
3. Une boîte de dialogue demande confirmation. Cliquez sur le bouton Vider la Corbeille.

   La Corbeille est vidée de son contenu. Il est irrécupérable, sauf avec un logiciel spécialisé comme TrashMagic (www.tri-edre.fr/).

Si la Corbeille contient des éléments confidentiels, cliquez sur Finder > Vider la Corbeille en mode sécurisé. Confirmez l'action (Figure 1.48). Le contenu de la Corbeille est supprimé et remplacé par des caractères aléatoires qui rendent toute récupération ultérieure des fichiers effacés impossible.

La restauration d'un élément jeté dans la Corbeille est expliquée au Chapitre 2, « Dossiers et fichiers ».

Il n'est pas possible de supprimer sélectivement des éléments.

Figure 1.46 : À gauche, une Corbeille vide. À droite, une Corbeille contenant au moins un élément.

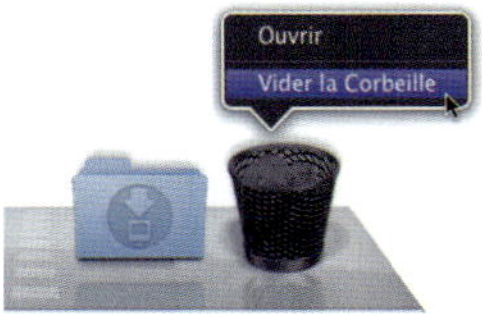

Figure 1.47 : Supprimez le contenu de la Corbeille.

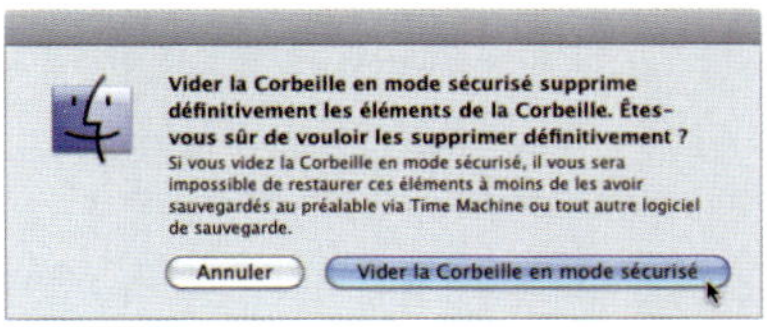

Figure 1.48 : Même un logiciel de récupération sera incapable de reconstituer les fichiers effacés.

Retrouver une fenêtre avec Exposé

1. Contemplez la pagaille qui règne sur votre Bureau (Figure 1.49).
2. Appuyez sur la touche de fonction F9.

   Toutes les fenêtres sont exposées les unes à côté des autres (Figure 1.50).
3. Cliquez sur la fenêtre qui vous intéresse.

   L'écran réapparaît comme auparavant. La fenêtre choisie est par-dessus toutes les autres.

   La fonction Exposé contient trois commandes associées à trois touches :

- **F9** : Miniaturise les fenêtres et les étale afin d'en choisir une, comme nous venons de le voir.
- **F10** : Masque toutes les fenêtres. Appuyez de nouveau sur F10 pour les réafficher.
- **F11** : Range les fenêtres contre les quatre bords de l'écran. Quelques millimètres seulement dépassent. Appuyez de nouveau sur F11 ou cliquez sur un bord de fenêtre pour les réafficher.

La prochaine technique montre un moyen encore plus rapide d'afficher une fenêtre d'application au premier plan, à condition que son icône soit dans le Dock

Figure 1.49 : L'écran est encombré de fenêtres.

Figure 1.50 : Cliquez sur une fenêtre.

Afficher une application au premier plan

1. Contemplez la pagaille qui règne sur votre Bureau (Figure 1.51).
2. Cliquez continûment sur l'icône de l'application recherchée, dans le Dock.

   Le Mac met en lumière l'application en question, comme si elle était sous un projecteur (Figure 1.52)
3. Relâchez le bouton de la souris. L'application est maintenant au-dessus de toutes les autres.

Dans le petit menu qui apparaît au-dessus de l'icône, l'option Masquer cesse d'afficher l'application. Cliquez de nouveau sur l'icône, dans le Dock, pour la revoir.

Figure 1.51 : Où peut bien se cacher l'application Mail dans ce fouillis ?

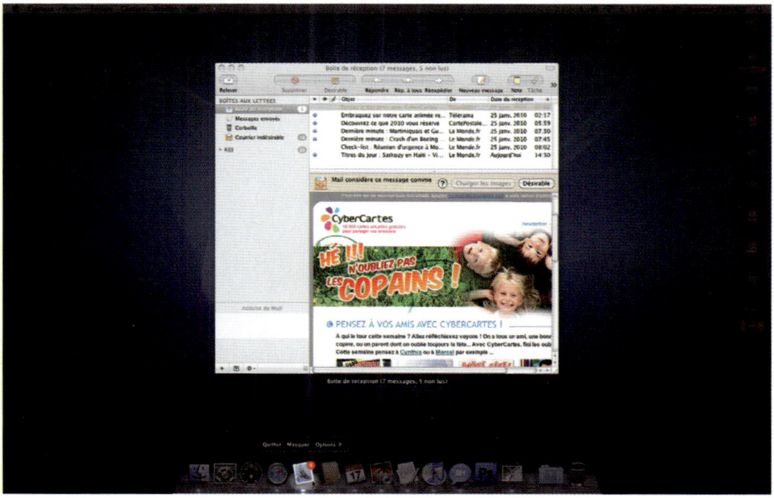

Figure 1.52 : Voici la messagerie.

Attribuer des applications dans Spaces

1. Dans le Dock, cliquez sur l'icône Préférences système.
2. Dans la boîte de dialogue Préférences système, à la rubrique Personnel, cliquez sur l'icône Exposé et Spaces. Dans la boîte de dialogue éponyme, cliquez sur l'onglet Spaces.
3. Par défaut, Spaces contient quatre espaces thématiques. S'il vous en faut davantage, cliquez sur le bouton « + » à droite de Rangées pour ajouter une ligne, ou cliquez sur le bouton « + » à droite de Colonnes pour ajouter une colonne.
4. Cliquez sur le bouton « + », en bas à gauche de la fenêtre vide. Dans le menu (Figure 1.53), choisissez une application que vous utilisez habituellement.

   Si l'une de vos applications favorites ne figure pas dans la liste, cliquez sur Autre emplacement. Le dossier Application s'ouvre, dans lequel vous la choisirez.
5. Répétez l'Étape 4 et saisissez toutes les applications que vous utilisez habituellement.

   Les applications déjà choisies apparaissent en gris.

   Vous devrez à présent attribuer chacune des applications à un espace. Par exemple, si vous avez conservé les quatre espaces proposés par défaut, vous pourrez laisser toutes les applications de bureautique dans l'espace 1, réunir toutes les applications Internet dans l'espace 2, placer toutes les applications de loisir dans l'espace 3, et ainsi de suite.
6. Cliquez sur la ligne d'une application puis sur le bouton à double-flèche qui se trouve à droite.
7. Sélectionnez dans le menu l'espace dans lequel vous désirez placer l'application (Figure 1.54).

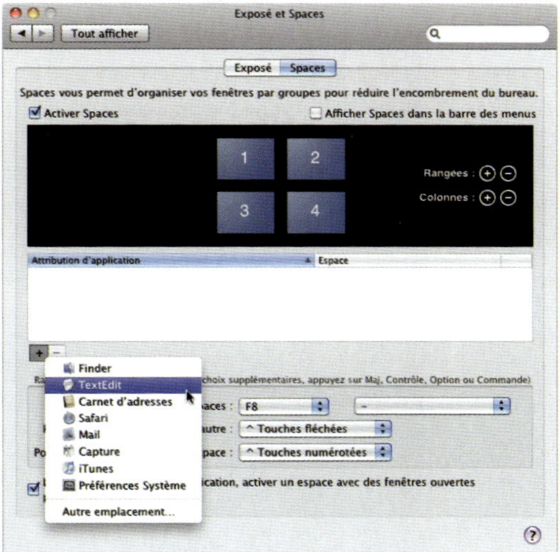

Figure 1.53 : Sélectionnez une application.

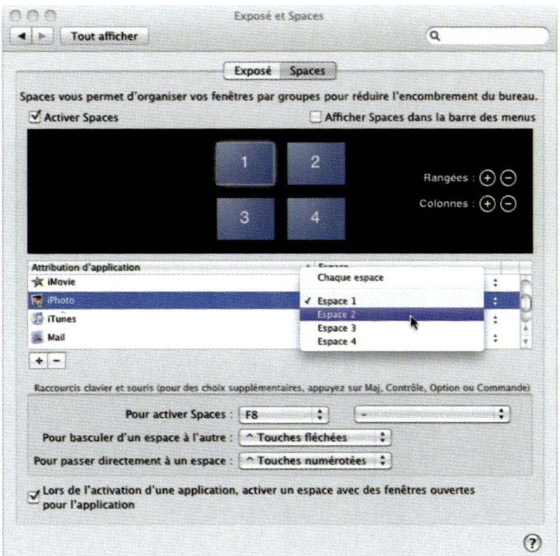

Figure 1.54 : Affectez l'application à un espace.

8. Répétez l'Étape 7 pour toutes les applications (Figure 1.55).

Si vous le désirez, vous pouvez cocher la case Afficher Spaces dans la barre des menus. Ce n'est cependant pas obligatoire car Spaces est habituellement démarré avec la touche F8.

9. Quittez la boîte de dialogue Préférences système en cliquant sur le bouton rouge, en haut à gauche.

Pour supprimer une application de Spaces, cliquez dessus, dans la liste, puis cliquez sur le bouton « - », en bas à gauche de la fenêtre.

Passez à la technique suivante pour utiliser Spaces.

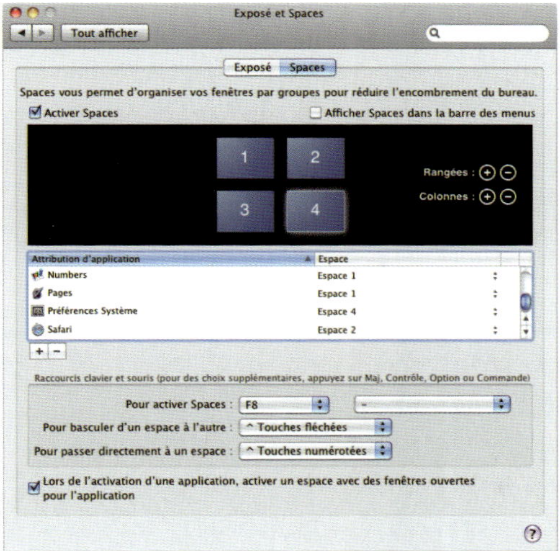

Figure 1.55 : Des applications ont été affectées aux différents espaces de Spaces.

Utiliser Spaces

1. Assurez-vous d'avoir effectué la préparation expliquée à la technique précédente.
2. Ouvrez tout ou partie des applications qui ont été affectées à des espaces de Spaces.
3. Appuyez sur la touche F8 pour afficher tous les espaces Spaces (Figure 1.56).
4. Cliquez dans l'espace à utiliser.

   Seul le contenu de cet espace est affiché.
5. Utilisez les touches ⌘+touches fléchées pour passer d'un espace à l'espace suivant (ou appuyez sur F8 et cliquez dans l'espace désiré).

Quand tous les espaces sont affichés simultanément, il est possible de les permuter en cliquant dans l'un d'eux et en le faisant glisser à la place d'un autre espace. De même, les applications peuvent être glissées d'un espace vers un autre (Figure 1.57).

Pour ne plus utiliser Spaces momentanément, cliquez sur Préférences système, dans le Dock, puis cliquez sur l'icône Exposé et Spaces, puis sur l'onglet Spaces et décochez la case Activer Spaces. Pour ne plus utiliser Spaces définitivement, sélectionnez la première application de la liste puis cliquez à répétition sur le bouton « - », en bas à gauche, jusqu'à ce que la liste soit vide.

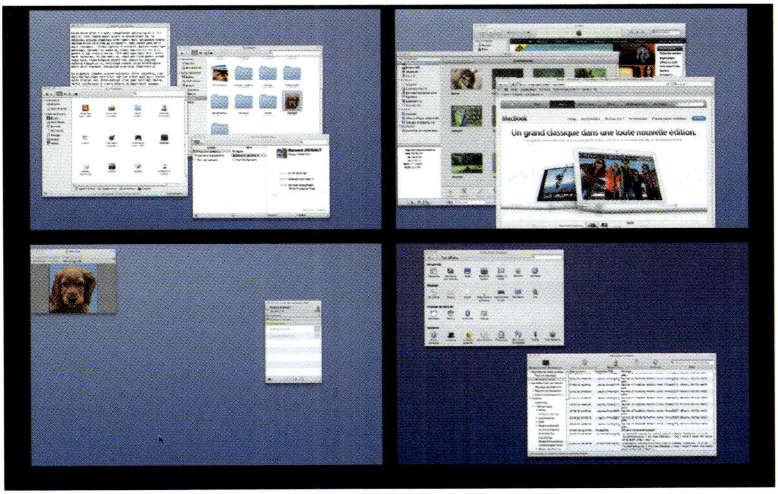

Figure 1.56 : Les espaces de Spaces et les applications actuellement ouvertes.

Figure 1.57 : L'application Safari est déplacée de l'espace en haut à droite vers l'espace en bas à gauche.

Afficher ou masquer des éléments du Bureau

1. Dans la barre de menus, cliquez sur Finder > Préférences.
2. Sous l'onglet général, décochez l'un des éléments suivants s'il ne présente pas d'intérêt pour vous :
   - **Disques durs** : Si la case est décochée, l'élément Macintosh HD (voir Figure 1.58) disparaît. Si le Mac est équipé de plusieurs disques durs, leur icône disparaît également.
   - **Disques externes** : Icône du disque dur externe.
   - **CD, DVD et iPod** : Icône du lecteur de CD/DVD du Mac. Affiche ou masque aussi l'icône de l'iPod, mais pas celle des lecteurs MP3 (qui sont en réalité assimilés à des clés USB).
   - **Serveurs connectés** : Icônes de l'ordinateur qui, sur le réseau informatique, fait office de serveur. Il peut s'agir d'un Mac ou d'un PC.

En principe, à moins d'avoir une bonne raison de le faire, vous ne devriez décocher aucune de ces cases, car l'utilité de l'affichage de ces éléments est indiscutable.

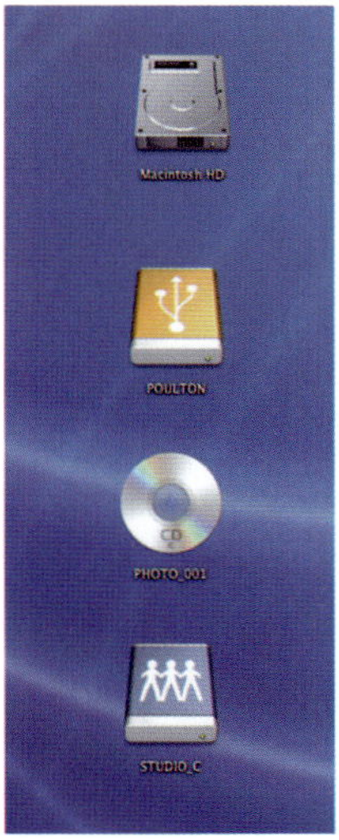

Figure 1.58 : De haut en bas, l'icône du disque dur du Mac, l'icône d'un disque dur externe, l'icône d'un CD-ROM et l'icône d'un autre ordinateur du réseau.

Changer le fond d'écran

1. Cliquez du bouton droit (ou Ctrl+clic) dans le Bureau, et dans le menu contextuel, choisissez Modifier le fond d'écran.
2. Sélectionnez une catégorie de fond d'écran dans la liste de gauche (Figure 1.59).
3. Cliquez sur le bouton rouge, en haut à gauche, pour quitter la boîte de dialogue Bureau et économiseur d'écran.

Vous pouvez choisir une de vos photos comme fond d'écran, en cliquant sur le bouton triangulaire à gauche des options iPhoto et Dossiers (ce dernier ne donne accès qu'au dossier Images du Mac).

Cochez la case Changer d'image, puis sélectionnez une cadence dans le menu à droite (Figure 1.60), pour changer de fond d'écran à intervalles réguliers.

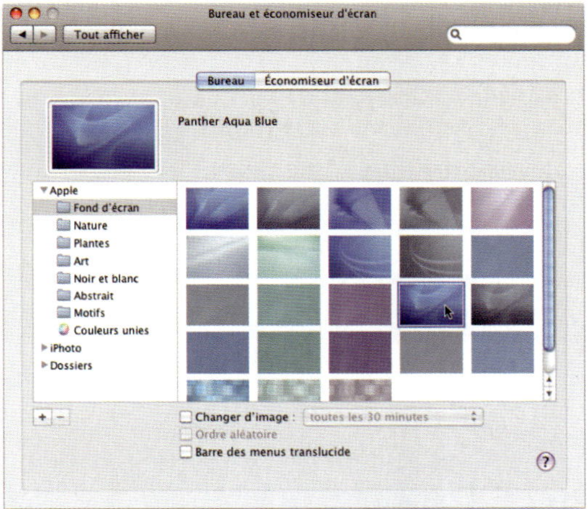

Figure 1.59 : Choisissez un fond d'écran pour votre Mac.

Figure 1.60 : Changez de temps en temps de fond d'écran.

Activer l'économiseur d'écran

1. Cliquez du bouton droit (ou Ctrl+clic) dans le Bureau, et dans le menu contextuel, choisissez Modifier le fond d'écran.
2. Dans la boîte de dialogue Bureau et économiseur d'écran, cliquez sur l'onglet Économiseur d'écran.
3. Choisissez un économiseur dans la colonne de gauche et observez l'effet dans la fenêtre de l'aperçu (Figure 1.61).
4. Si le bouton Options est accessible (et non en grisé), cliquez dessus. Vous pourrez régler certains paramètres de l'effet (Figure 1.62).
5. Cliquez sur le bouton Tester pour voir l'effet en plein écran. Appuyez ensuite sur une touche ou bougez la souris pour mettre fin au test.
6. Sous l'aperçu, réglez la durée d'inactivité de l'ordinateur - aucun appui sur une touche, aucune sollicitation de la souris - avant que l'économiseur d'écran apparaisse.
7. Si vous désirez que l'heure soit affichée en même temps que l'économiseur, cochez la case Superposer l'heure.
8. Cliquez sur le bouton rouge, en haut à gauche, pour quitter la boîte de dialogue Bureau et économiseur d'écran.

Cliquez le bouton « + », en bas à gauche de la liste des économiseurs, et choisissez l'option Ajouter un dossier d'images, pour utiliser un diaporama de vos photos comme économiseur. Cliquez ensuite sur l'un des trois boutons Afficher le style pour définir l'apparition des photos (voir Figure 1.63).

Ne manquez pas d'explorer toutes les possibilités d'affichage de la colonne Économiseur d'écran. Vous pouvez notamment créer un diaporama de vos propres photos en sélectionnant, dans la liste, un des événements iPhoto.

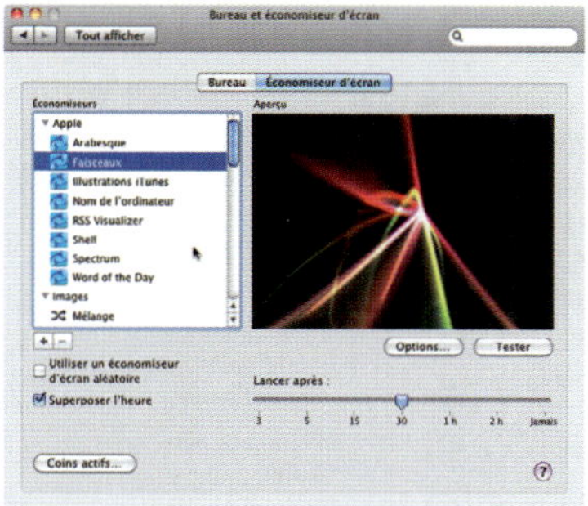

Figure 1.61 : Observez l'effet de l'économiseur d'écran dans la fenêtre d'aperçu.

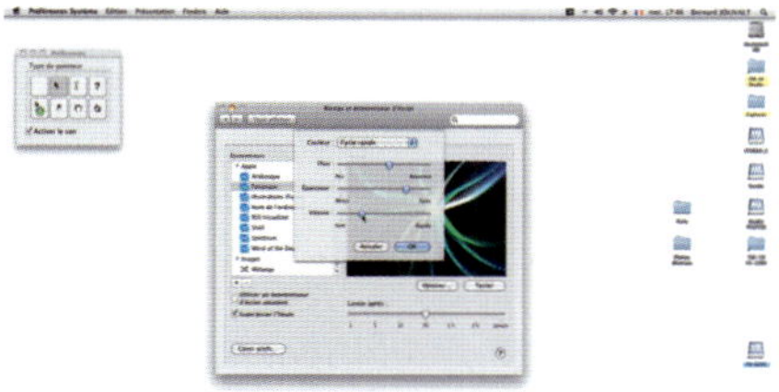

Figure 1.62 : Configurez l'effet selon vos préférences.

Figure 1.63 : Utilisez vos propres photos comme économiseur d'écran.

Activer instantanément l'économiseur d'écran

1. Cliquez du bouton droit (ou Ctrl+clic) dans le Bureau, et dans le menu contextuel, choisissez Modifier le fond d'écran.
2. Dans la boîte de dialogue Bureau et économiseur d'écran, cliquez sur l'onglet Économiseur d'écran.
3. Configurez l'économiseur d'écran comme expliqué à la technique précédente. Ceci fait, ne fermez pas la boîte de dialogue.
4. Dans la boîte de dialogue, cliquez sur le bouton Coins actifs, en bas à gauche (Figure 1.64).
5. Déroulez le menu correspondant au coin dans lequel vous devrez amener le pointeur de la souris pour que l'économiseur d'écran démarre aussitôt. Dans le menu, choisissez l'option Lancer l'économiseur (Figure 1.65).
6. Cliquez sur OK. Fermez ensuite la boîte de dialogue Bureau et économiseur d'écran.

Désormais, dès que vous vous absentez un instant, ou si vous recevez quelqu'un dans votre bureau et que vous désirez préserver la confidentialité de ce qui est affiché à l'écran, amenez le pointeur de la souris en bas à droite de l'écran et l'effet choisi sera aussitôt activé, avec affichage de l'heure.

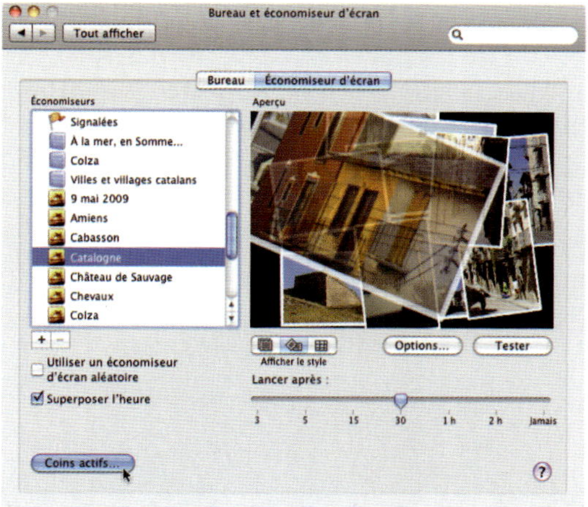

Figure 1.64 : Accédez aux coins actifs.

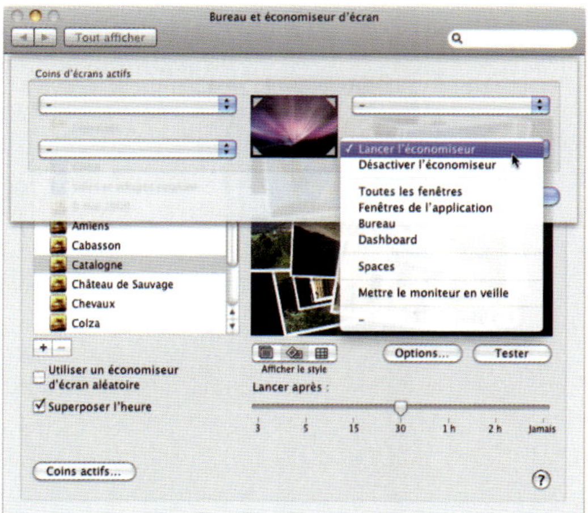

Figure 1.65 : Amener le pointeur de la souris dans le coin inférieur droit de l'écran démarrera aussitôt l'économiseur d'écran.

Installer un nouveau Widget

1. Assurez-vous que le Mac est connecté à l'Internet (la connexion à l'Internet est décrite au Chapitre 4, « Surfer sur le Web »).
2. Appuyez sur la touche F12 pour accéder au Dashboard (ou cliquez sur l'icône Dashboard, dans le Dock).

   Nous installerons le widget Sytadin qui affiche une carte montrant l'état du trafic routier en Île-de-France.
3. Dans le Dashboard, cliquez sur le bouton rond « + », en bas à gauche de l'écran.
4. Cliquez sur le bouton Gestion des widgets (il vient d'apparaître près du bouton rond).

   Le sélecteur de widgets apparaît.
5. Cliquez sur le bouton Plus de widgets (Figure 1.66).

   Cette action démarre Safari et ouvre la page Web contenant des centaines de widgets (cette page est malheureusement en anglais).
6. Avec la barre de défilement verticale, faites défiler la page jusqu'à ce que le tableau Widget Browser apparaisse. Cliquez dans une catégorie, puis sur le nom d'un widget (Figure 1.67).
7. Cliquez sur le bouton More info (plus d'informations) pour obtenir des détails supplémentaires, notamment le prix. Si la licence est de type Freeware, le widget est gratuit.

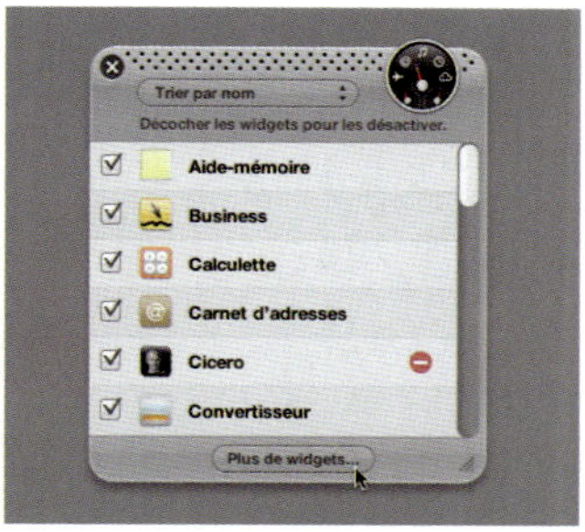

Figure 1.66 : Accédez au sélecteur de widgets.

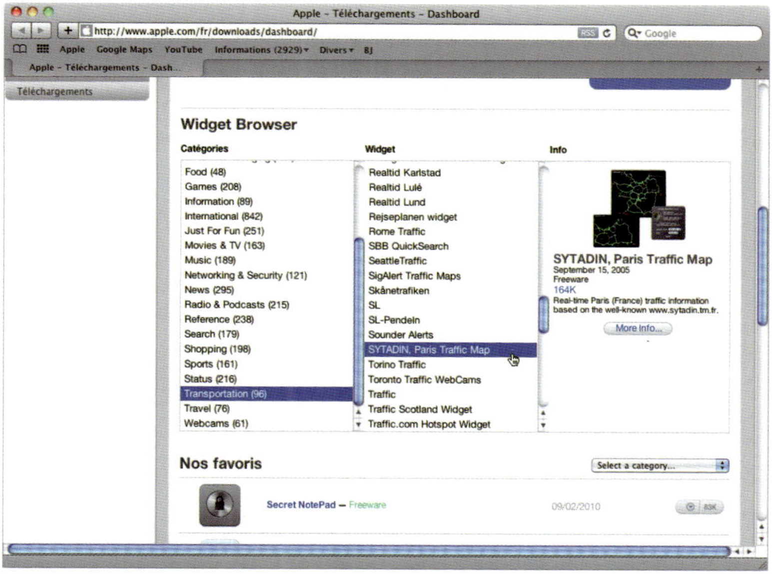

Figure 1.67 : Choisissez un widget en sélectionnant d'abord sa catégorie.

8. Cliquez sur bouton Download (téléchargement) en haut à droite du panneau d'informations (Figure 1.68).

   Le fichier du widget est transféré dans le dossier Téléchargements, présent dans le Dock.

9. Un panneau demande si vous désirez installer le widget. Cliquez sur le bouton Installer.

   Le widget apparaît dans le Dashboard (Figure 1.69).

10. Faites glisser le widget où bon vous semble.

11. Fermez le sélecteur de widgets en cliquant sur le bouton « - », en haut à gauche.

Cliquez sur le minuscule bouton *i* en bas à droite d'un widget pour accéder à des informations ou à des réglages.

Pour supprimer un widget, effectuez les étapes 1 à 3, puis cliquez sur le bouton « sens interdit » situé à sa droite (l'un d'eux est visible à la Figure 1.66).

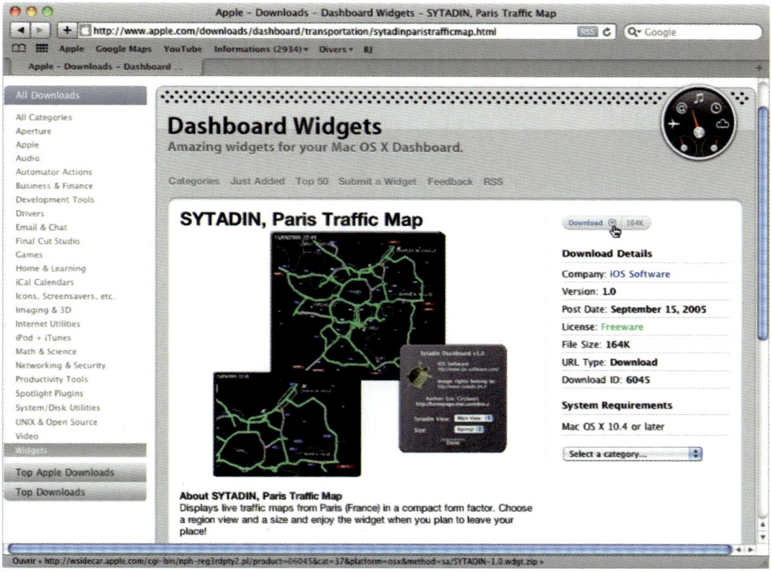

Figure 1.68 : Téléchargez le widget.

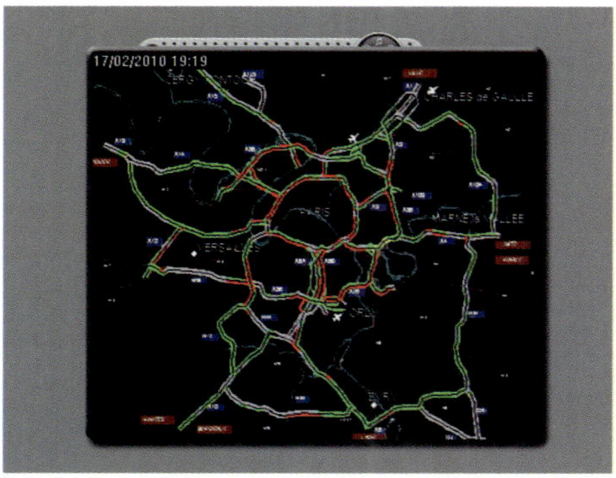

Figure 1.69 : Le widget est installé dans le Dashboard.

Chapitre 2

Dossiers et fichiers

Lorsque vous venez de le déballer, le Mac contient déjà quantité de dossiers et de fichiers. Mais vous en créerez bien d'autres.

Dans la métaphore du bureau, un dossier est comparable à un dossier en carton rigide dans lequel différents papiers et documents sont rangés. Le nom du dossier figure sur sa couverture afin de savoir ce qu'il contient. Un dossier peut contenir des sous-dossiers (généralement des chemises en papier).

Le terme « fichier » fait un peu exception à la métaphore du Bureau. Il désigne en effet n'importe quel document contenant des données (texte, chiffre, image, son, vidéo…). Un fichier est produit par une application (traitement de texte, tableur, logiciel de retouche, de création audio ou vidéo, etc.). Un fichier peut aussi être une photo numérique ou un morceau de musique.

Il est important que les dossiers et fichiers soient rationnellement rangés pour que vous les retrouviez quand vous en avez besoin. C'est l'objet de ce chapitre.

Créer un dossier

1. Cliquez du bouton droit dans le Bureau, ou alors dans un dossier Documents, Musique, Images ou Vidéos et, dans le menu contextuel, choisissez Nouveau dossier (Figure 2.1).

   Un dossier nommé Dossier sans titre est créé.

2. Cliquez sur le nom Dossier sans titre, puis saisissez le nom que vous voulez lui donner (Figure 2.2).

Un dossier peut être glissé et déposé dans un autre dossier.

Un nouveau dossier peut être créé à partir d'une application, au moment de son enregistrement : cliquez sur le bouton Nouveau dossier, nommez le dossier puis cliquez sur Créer (Figure 2.3).

Bien que ce soit techniquement possible, évitez de créer des dossiers personnels dans le dossier Applications (dans le volet de gauche du Finder) ainsi que dans le dossier Départ (celui avec une icône en forme de maison. Ces emplacements sont en effet réservés au système.

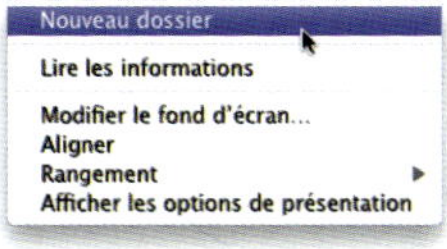

Figure 2.1 : Création d'un nouveau fichier sur le Bureau.

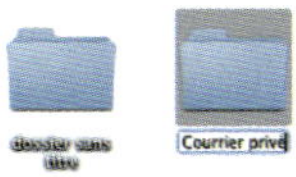

Figure 2.2 : Nommez le fichier sitôt après l'avoir créé.

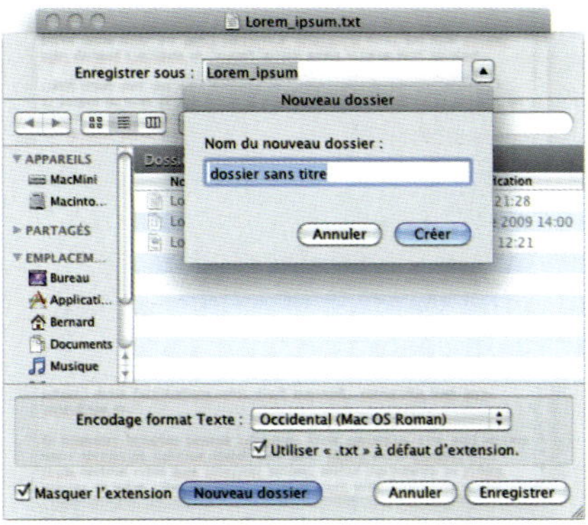

Figure 2.3 : Un nouveau dossier peut être créé au moment d'enregistrer un fichier.

Renommer un dossier ou un fichier

1. Cliquez une première fois sur le dossier ou le fichier afin de le sélectionner.
2. Cliquez sur le nom à modifier.

   Le nom apparaît dans une petite zone de texte. Il est déjà sélectionné.
3. Saisissez le nouveau nom.

   Inutile d'effacer l'ancien nom. Comme il est déjà sélectionné, il sera remplacé par le nouveau nom dès le début de la saisie.

   Ne double-cliquez pas sur le nom d'un dossier ou d'un fichier, car vous ne feriez qu'ouvrir le dossier ou démarrer l'application à laquelle le fichier est associé

Le nom d'un dossier ou d'un fichier peut aussi être modifié dans la boîte de dialogue Infos sur [nom] que montre la Figure 2.4. Cliquez du bouton droit (ou Ctrl+clic) sur le dossier et, dans le menu, choisissez Lire les informations. Ensuite, à la rubrique Nom et extension, sélectionnez le contenu du champ de saisie par un triple-clic. Saisissez ensuite le nouveau nom et fermez la boîte de dialogue

Figure 2.4 : Ce panneau contient toutes les informations sur un dossier ou sur un fichier.

Dupliquer un dossier ou un fichier

1. Cliquez du bouton droit (ou Ctrl+clic) sur le dossier ou le fichier à dupliquer
2. Dans le menu contextuel, choisissez Dupliquer (Figure 2.5).

   Si l'élément est un dossier, Mac OS X duplique son contenu ainsi que celui de tous les sous-dossiers qu'il est susceptible de contenir. Le nom du nouveau dossier est le même que le précédent suivi de la mention « copie ». Exemple : Compta - copie. La date de modification reste la même.

   Si l'élément est un fichier, le nouveau fichier est créé au même endroit, avec le même nom suivi du mot « copie ». La date de modification reste la même.

Pour copier un dossier ou un fichier dans un autre dossier, tirez-le, touche ⌘ enfoncée, jusqu'à sa destination. L'original reste en place. L'élément dupliqué n'est pas suivi du mot « copie » car il n'a pas lieu d'être (ce mot est ajouté lorsque la duplication est effectuée dans le même dossier, car deux éléments de même nom ne peuvent pas cohabiter).

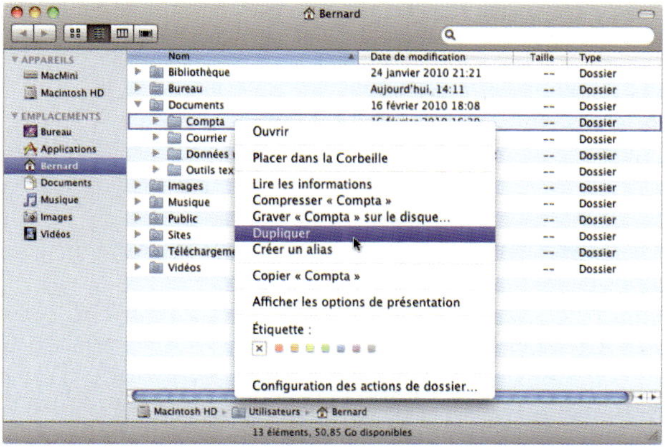

Figure 2.5 : Duplication d'un dossier.

Retourner dans un dossier

1. Cette technique présume que vous avez déjà ouvert quelques dossiers depuis que l'ordinateur a été allumé.
2. Dans la barre de menus du Finder, cliquez sur Aller > Dossiers récents > [nom du dossier], comme à la Figure 2.6.

   Les dossiers apparaissent dans l'ordre chronologique, le plus récent en haut.

La liste peut être effacée en cliquant sur l'option Effacer le menu, tout en bas.

Dans la barre de menus, l'option Aller contient une commande Aller au dossier. Elle n'est utile que si vous connaissez exactement le chemin menant au dossier, comme à la Figure 2.7. Il est plus rapide d'y aller par des clics successifs. Cette commande peut en revanche dépanner l'utilisateur d'un réseau expérimenté, qui pourra se connecter directement à un ordinateur par son nom.

Afficher les extensions de fichier

1. Dans la barre de menus, cliquez sur Finder > Préférences.
2. Cliquez sur l'onglet Options avancées.
3. Cochez la case Afficher toutes les extensions de fichier (Figure 2.8).

Cette technique appelle une explication : Mac OS X permet de ne pas afficher l'extension (.txt, ou .html, ou .jpg, ou .mp3…) de certains fichiers, en cochant la case Masquer l'extension, sous leur nom dans la boîte de dialogue Info sur (reportez-vous à la Figure 2.4 pour voir cette case). À vrai dire, la possibilité de masquer une extension n'offre aucun avantage et que des désagréments. Les extensions de fichiers devraient toujours être systématiquement visibles.

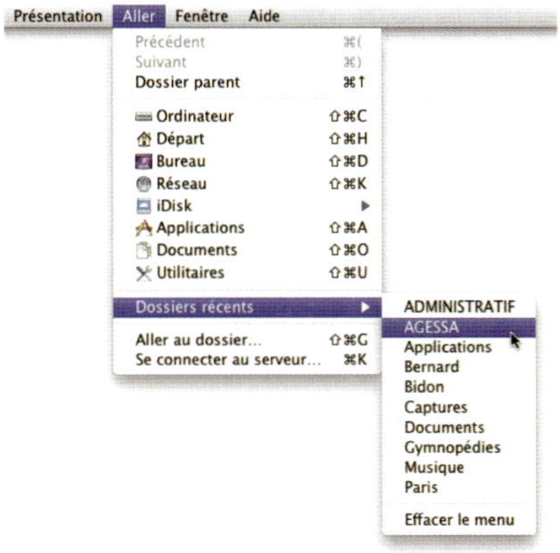

Figure 2.6 : Retour dans un dossier ouvert précédemment.

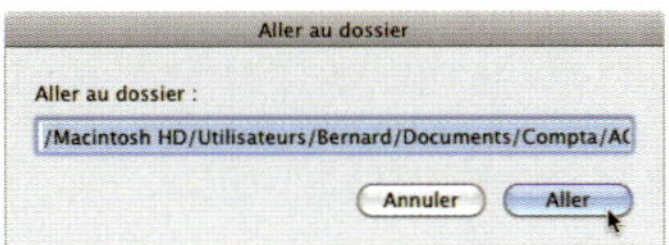

Figure 2.7 : Il faut saisir le chemin menant au dossier, sans aucune faute de frappe.

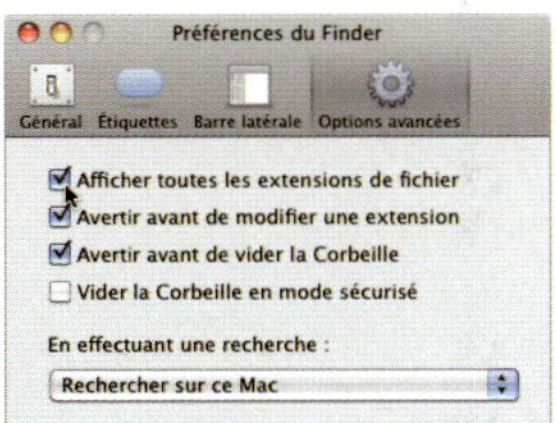

Figure 2.8 : L'extension de tous les fichiers est de nouveau visible.

Définir l'association d'un fichier

1. Accédez au fichier qui doit s'ouvrir avec l'application de votre choix.

   Mac OS X a déjà associé la plupart des fichiers avec des applications. Par exemple, double-cliquer sur un fichier dont l'extension est .txt l'ouvre dans l'application TextEdit. Mais vous pouvez décider que le double-clic l'ouvre désormais avec l'application de votre choix, le traitement de texte Pages, par exemple (qui appartient à la suite bureautique iWork).

2. Cliquez du bouton droit (ou Ctrl+clic) sur le fichier et, dans le menu déroulant, choisissez Lire les informations.

   Le panneau Infos sur [nom du fichier] apparaît.

3. À la rubrique Ouvrir avec, déroulez le menu et sélectionnez une application (Figure 2.9).

   Si l'application ne figure pas dans la liste proposée par le Mac, cliquez sur Autre, tout en bas du menu. Le contenu du dossier Applications est affiché. Cliquez sur l'application à utiliser puis sur le bouton Ajouter.

Pour ouvrir exceptionnellement un fichier avec une autre application que celle par défaut, cliquez dessus du bouton droit et, dans le menu contextuel, choisissez Ouvrir avec > [application choisie].

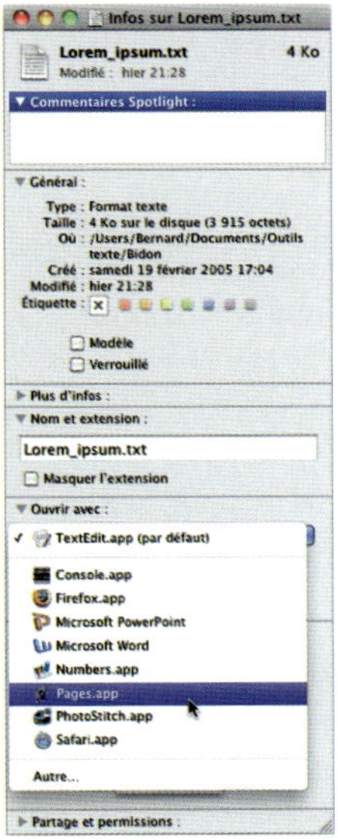

Figure 2.9 : Choisissez l'application qui sera automatiquement démarrée en double-cliquant sur le fichier.

Jeter un coup d'œil sur un fichier

1. Cliquez du bouton droit sur un fichier dont le contenu vous intrigue, et dans le menu, choisissez Coup d'œil sur « nom du fichier » (Figure 2.10).

   Le fichier est ouvert dans une fenêtre d'aperçu (Figure 2.11). La double-flèche tout en bas permet d'afficher l'aperçu en plein écran. L'intégralité du texte peut être parcouru avec la barre de défilement.

3. Le coup d'œil terminé, cliquez sur le bouton de fermeture en haut à gauche.

L'aperçu et ses fonctions diffèrent considérablement selon le type de fichier (fichier de texte, image, vidéo, musique...).

Quand vous sélectionnez plusieurs fichiers de photos numériques, la commande Coup d'œil les affiche sous la forme d'un petit diaporama. Nous y reviendront au Chapitre 8, « Photo et vidéo », à la technique « Un diaporama avec le Finder ».

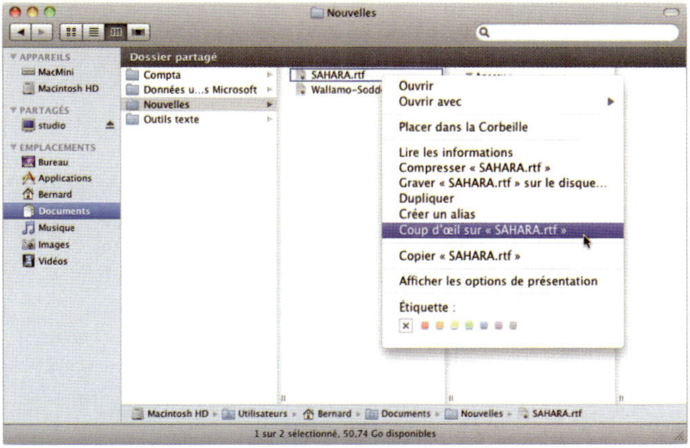

Figure 2.10 : Choisissez de jeter un coup d'œil sur le contenu d'un fichier.

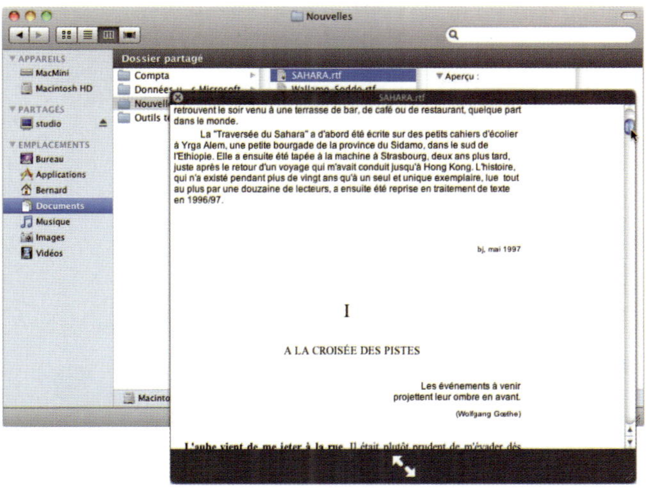

Figure 2.11 : Un coup d'œil sur un texte.

Verrouiller un fichier

1. Accédez au fichier qui doit être protégé.
2. Cliquez sur le fichier du bouton droit (ou Ctrl+clic) et dans le menu contextuel, choisissez Lire les informations.
3. À la rubrique Général, cochez la case Verrouillé (Figure 2.12).

Un fichier verrouillé est uniquement protégé contre les fausses manœuvres. Il peut être ouvert, mais au moment de l'enregistrer (Figure 2.13), l'application vous demande si vous désirez que le fichier modifié remplace la version précédente (Écraser) ou s'il doit être enregistré sous un autre nom (Ne pas écraser) afin de conserver l'original.

Dans le Finder, un fichier verrouillé ne peut être que copié. Si vous tentez de supprimer un fichier verrouillé, Mac OS X vous demandera confirmation.

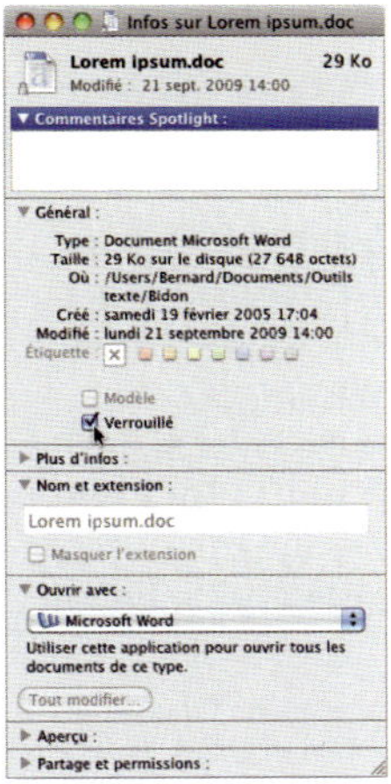

Figure 2.12 : Désormais, ce fichier pourra uniquement être consulté.

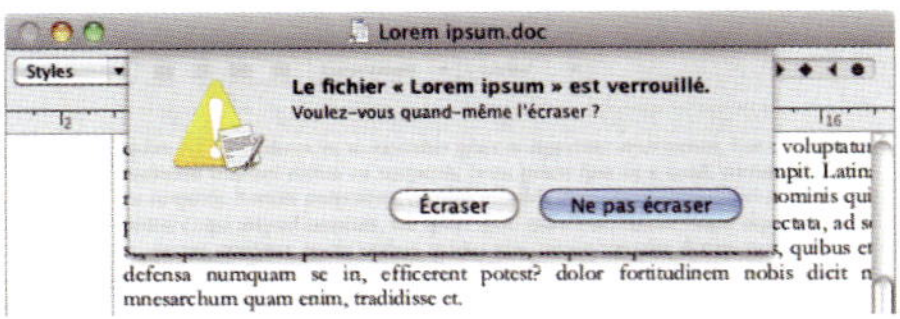

Figure 2.13 : Un fichier verrouillé peut néanmoins être remplacé par sa version modifiée.

Modifier l'icône d'un dossier ou d'un fichier

1. Téléchargez des icônes pour le Mac (le téléchargement de fichiers est décrit à la technique « Télécharger un fichier », au Chapitre 4, « Surfer sur le Web »). Vous trouverez des icônes sur le site d'Apple (en anglais) à cette adresse : www.apple.com/downloads/macosx/icons_screensavers/. Dans un moteur de recherche, saisissez Icônes Mac, puis visitez les innombrables sites qui en proposent.
2. Dans le Mac, sélectionnez la nouvelle icône que vous comptez utiliser (Figure 2.14).
3. Appuyez sur les touches ⌘+C pour copier l'icône.
4. Cliquez du bouton droit sur l'icône à décorer et dans le menu, choisissez Lire les informations.

   Le panneau Infos sur [nom du Dossier] s'ouvre.
5. Cliquez sur l'icône du dossier en haut à gauche du panneau d'information (Figure 2.15).
6. Appuyez sur les touches ⌘+V pour coller l'icône copiée à l'Étape 3.

   L'icône est remplacée par la nouvelle dans le panneau et sur le dossier lui-même (Figure 2.16).

Figure 2.14 : Sélectionnez une icône téléchargée du Web.

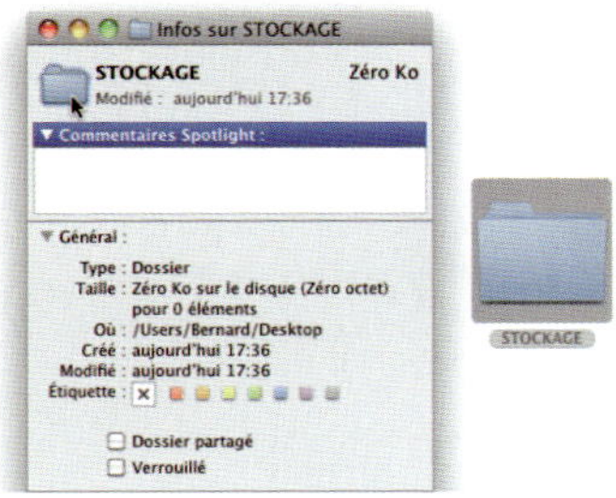

Figure 2.15 : Cliquez sur l'icône en haut à gauche du panneau d'informations.

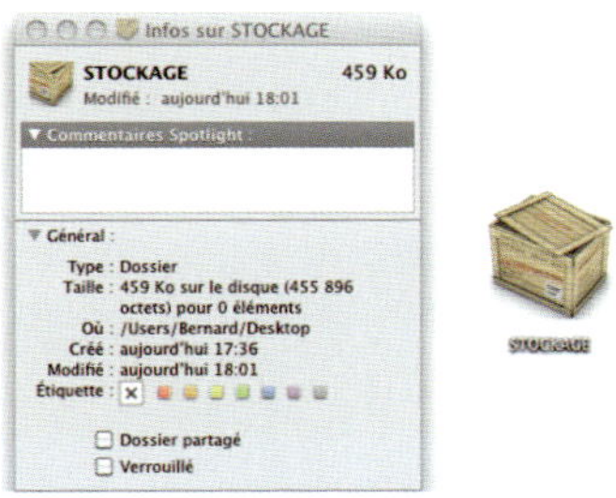

Figure 2.16 : La nouvelle icône est maintenant en place.

Calculer la taille de tous les dossiers

1. Ouvrez le Finder ou un dossier, et observez que Mac OS X indique la taille des fichiers, mais pas celle des dossiers (Figure 2.17). Cette information peut pourtant revêtir une certaine importance, notamment lors de la copie de dossiers ou de la gravure de CD et de DVD.
2. Cliquez du bouton droit dans le dossier et, dans le menu, choisissez Afficher les options de présentation.
3. Tout en bas du panneau, cochez la case Calculer toutes les tailles.

   La taille de tous les dossiers est à présent affichée (Figure 2.18). Elle prend en compte tous les sous-dossiers et leurs fichiers qui pourraient se trouver dans les dossiers.

La taille des dossiers n'est calculée que pour le dossier courant. Pour qu'elle le soit pour tous les dossiers du Mac, cliquez sur le bouton Utiliser comme valeurs par défaut. Attention : tous les autres paramètres du panneau seront également mémorisés.

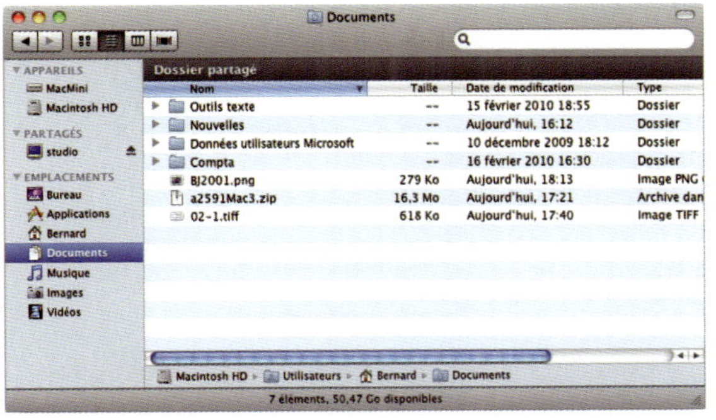

Figure 2.17 : Par défaut, Mac OS X n'indique pas la taille des dossiers.

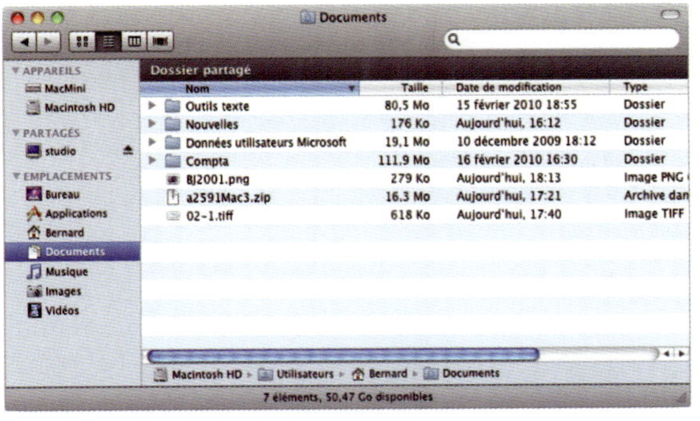

Figure 2.18 : La taille des dossiers est affichée.

Utiliser les dates réelles

1. Remarquez, dans un dossier présenté en mode Liste ou Cover Flow, comment les dates récentes sont affichées sous la forme relative « Aujourd'hui » et « Hier », et non par leur jour, mois et année, comme les dates plus anciennes (Figure 2.19).
2. Cliquez du bouton droit dans le dossier et, dans le menu, choisissez Afficher les options de présentation.
3. Tout en bas du panneau, décochez la case Utiliser les dates relatives. La date du jour et du mois est maintenant affichée (Figure 2.20).

Les dates réelles ne sont utilisées que pour le dossier en cours. Pour qu'elles le soient pour tous les dossiers du Mac, cliquez sur le bouton Utiliser comme valeurs par défaut. Attention : tous les autres paramètres du panneau seront également mémorisés.

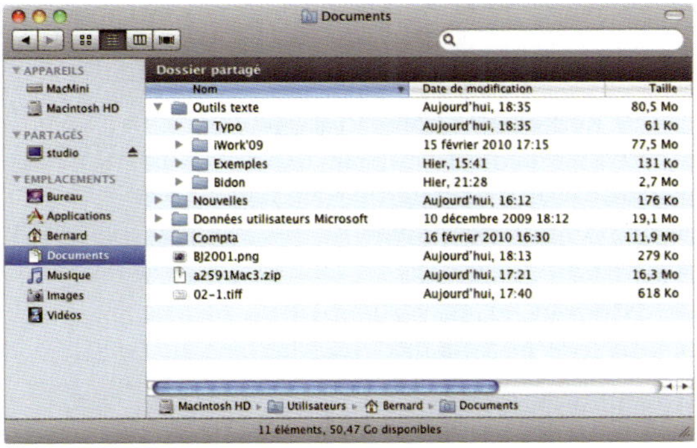

Figure 2.19 : Le Mac remplace les dates récentes par les dates Hier et Aujourd'hui.

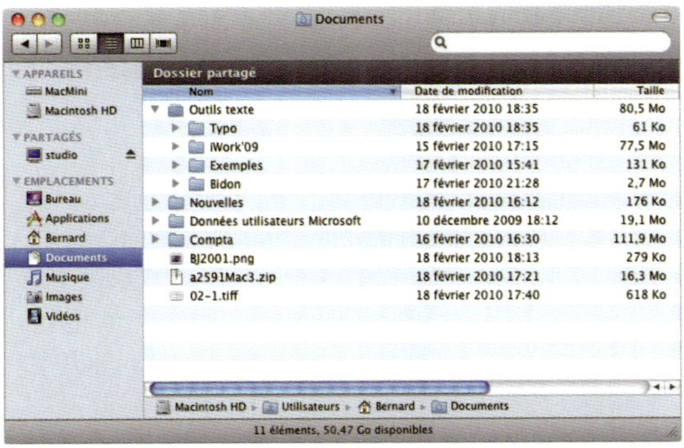

Figure 2.20 : Le jour et le mois est indiqué partout.

Sélectionner plusieurs éléments à la fois

1. Affichez le dossier dans une vue par icônes.
2. Assurez-vous que tous les éléments à sélectionner sont visibles. Au besoin, cliquez du bouton droit (ou Ctrl+clic) dans le dossier et choisissez Rangement > Nom, pour y mettre un peu d'ordre.
3. Cliquez entre des icônes et, bouton de la souris enfoncé, tirez un cadre de sélection tout autour des éléments à sélectionner (Figure 2.21).
4. Relâchez le bouton de la souris. Les éléments peuvent à présent être manipulés simultanément.

Pour sélectionner des éléments non contigus, maintenez la touche ⌘ enfoncée et cliquez sur les éléments à ajouter à la sélection (Figure 2.22). Un second clic les ôte de la sélection.

Pour sélectionner une plage de fichiers contigus dans une liste, cliquez sur le premier élément puis, touche Majuscule enfoncée, cliquez sur le dernier élément. Ces deux éléments et tous ceux qui se trouvent entre eux sont sélectionnés. Autre technique plus rapide : cliquez sur un élément puis, sans relâcher le bouton de la souris, tirez vers le haut ou vers le bas.

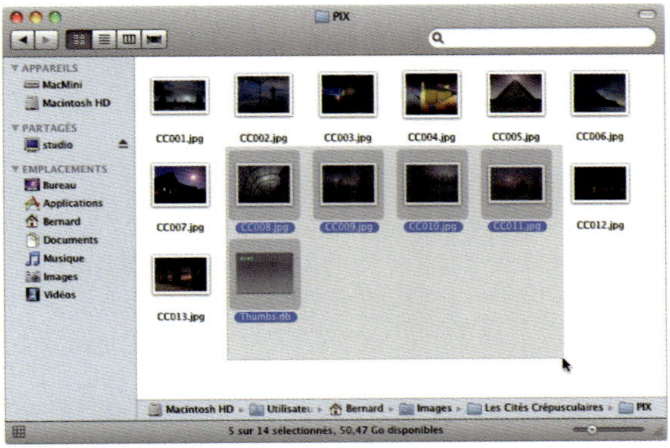

Figure 2.21 : Tirez un cadre autour des éléments à sélectionner.

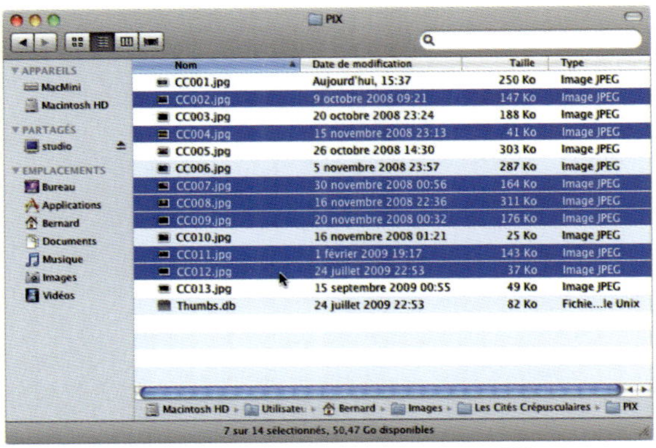

Figure 2.22 : Des fichiers sélectionnés en cliquant, touche ⌘ enfoncée.

Copier, couper, coller

1. Sélectionnez le ou les dossiers ou fichiers dans le Finder.
2. Exécutez l'une des actions suivantes :
   - Pour copier l'élément : appuyez sur ⌘+C (ou cliquez sur Édition > Copier « nom » comme à la Figure 2.23, ou cliquez du bouton droit sur l'élément et choisissez Copier « nom »). L'original restera en place après avoir collé.
   - Pour couper l'élément : appuyez sur ⌘+X (ou cliquez sur Édition > Couper). L'original disparaît après avoir collé.
   - Pour coller l'élément : cliquez sur l'emplacement de destination et appuyez sur ⌘+V (ou cliquez sur Édition > Coller l'élément, ou cliquez du bouton droit et choisissez Copier l'élément, comme à la Figure 2.24).

Les trois raccourcis ⌘+C (copier), ⌘+X (couper) et ⌘+V (coller) méritent d'être retenus car ils sont utilisables dans toutes les applications du Mac.

Un autre raccourci universel mérite d'être retenu : ⌘+A. Il sélectionne tout le contenu d'un dossier, ou tout un texte, etc.

Dans les champs de saisie du Mac et dans les traitements de texte comme TextEdit ou Pages, un double-clic sélectionne un mot, un triple-clic sélectionne tout le champ de saisie ou tout un paragraphe.

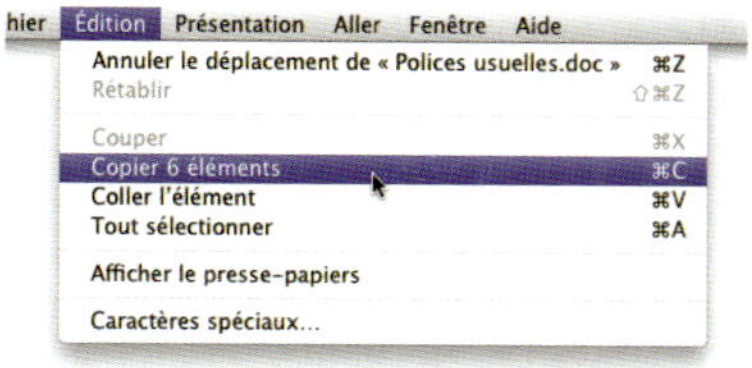

Figure 2.23 : Six fichiers vont être copiés.

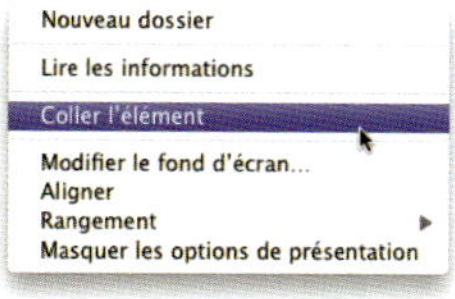

Figure 2.24 : Copie d'un élément dans un dossier.

Afficher le presse-papiers

1. Assurez-vous qu'un élément (dossier, fichier, ou des données dans une application, comme un paragraphe de texte, une partie d'une photo…) a été copié ou coupé.
2. Dans la barre de menus, choisissez Édition > Afficher le presse-papiers.

   L'élément copié ou coupé est affiché (Figure 2.25). La nature des données – du texte, dans l'illustration – est mentionné.

Le presse-papier ne peut contenir qu'un élément à la fois. Le prochain que vous copiez ou coupez chasse celui qui s'y trouvait.

Aucune action n'est possible. Utilisez cette commande pour vérifier si des données en attente d'être collées sont toujours mémorisées par le Mac.

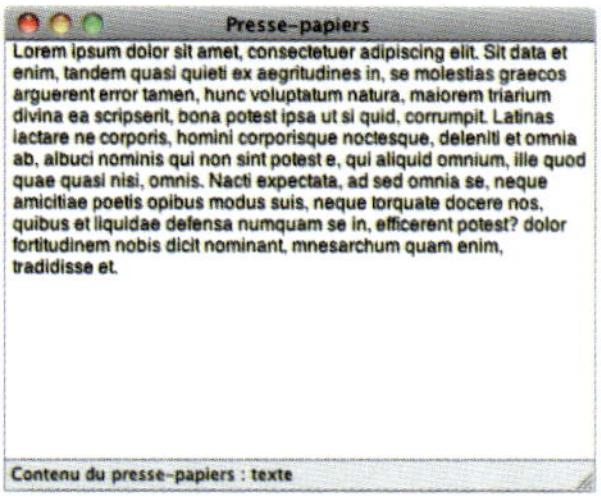

Figure 2.25 : Le contenu du presse-papier.

Récupérer un fichier dans la Corbeille

1. Cliquez sur l'icône de la Corbeille, dans le Dock.
2. Localisez le fichier dans la fenêtre de la Corbeille.

Pour faciliter votre recherche, cliquez dans l'en-tête Nom pour trier le contenu de la Corbeille par ordre alphabétique, ou dans l'en-tête Date de modification pour trier par date de suppression. Un second clic inverse l'ordre du tri.

3. Cliquez du bouton droit (ou Ctrl+clic) sur le fichier, et dans le menu contextuel, choisissez Remettre (Figure 2.26).
4. Relâchez le bouton de la souris.

   Le fichier retourne dans le dossier d'où il avait été supprimé.

Si le dossier où se trouvait le fichier a été supprimé, la commande Remettre ne figure pas dans le menu contextuel. C'est logique : comment un fichier retournerait-il à un emplacement qui n'existe plus ?

Vous pouvez aussi extraire un élément de la Corbeille en cliquant dessus et en tirant jusque sur le Bureau, dans une fenêtre de dossier ouverte, ou sur l'icône d'un dossier.

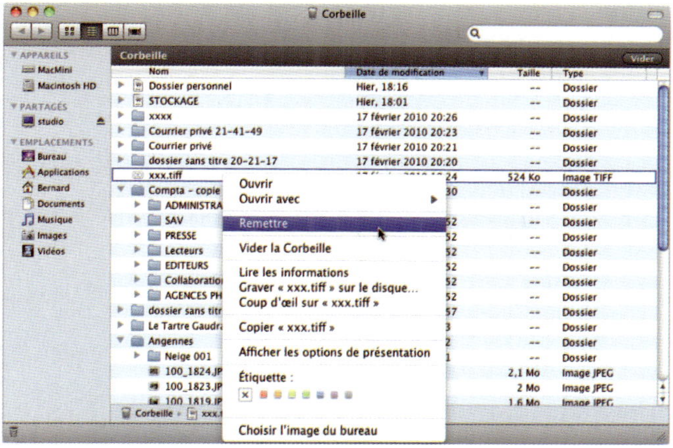

Figure 2.26 : Remettez l'élément supprimé là où il se trouvait.

Changer la couleur de fond d'un dossier

1. Ouvrez le dossier en mode Icônes (car il n'est pas possible de changer la couleur de fond dans les modes Par liste, Colonnes ou Cover Flow).
2. Cliquez du bouton droit (ou Ctrl+clic) dans le dossier et, dans le menu contextuel, choisissez Afficher les options de présentation.
3. Dans le panneau, à la rubrique Arrière-plan, cliquez sur le bouton d'option Couleur.

   Mac OS X affiche un petit carré blanc (la couleur actuelle du dossier).
4. Cliquez sur le carré blanc. Ceci ouvre le sélecteur de couleurs du Mac (Figure 2.27).
5. Cliquez dans la roue chromatique du sélecteur de couleur.

   La couleur est appliquée en temps réel dans le dossier (Figure 2.28). Continuez à choisir une teinte jusqu'à ce que l'une d'elles vous plaise.

La couleur n'est appliquée qu'au dossier courant. Pour qu'elle le soit à tous les dossiers du Mac, cliquez sur le bouton Utiliser comme valeurs par défaut. Attention : tous les autres paramètres du panneau seront également mémorisés.

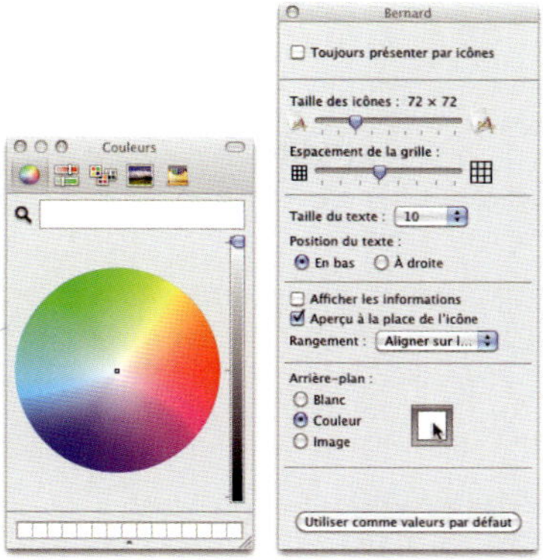

Figure 2.27 : Cliquez dans le carré de l'option Couleur.

Figure 2.28 : Le vert pomme s'impose pour un dossier du Mac.

Utiliser une image comme arrière-plan de dossier

1. Ouvrez le dossier contenant l'image à utiliser comme arrière-plan dans un dossier de votre choix.
2. Ouvrez le dossier dans lequel vous désirez placer une photo comme arrière-plan (appuyez au besoin sur z+N pour ouvrir une nouvelle fenêtre de Finder).
3. Affichez le dossier en mode Par icônes.
4. Cliquez du bouton droit (ou Ctrl+clic) dans le dossier et, dans le menu contextuel, choisissez Afficher les options de présentation.
5. Cliquez sur la photo à utiliser comme arrière-plan et faites-la glisser jusque sur le champ carré à droite de l'option Image (Figure 2.29). Relâchez le bouton de la souris.

   La photo apparaît dans le dossier (Figure 2.30).

La photo n'est pas adaptée aux dimensions du dossier. Si elle est trop grande, une partie seulement sera visible, si elle est trop petite, une marge blanche apparaîtra à droite et en bas. Attention aussi à la lisibilité des noms de fichiers et de dossiers. Si la photo est trop sombre, vous aurez du mal à les lire.

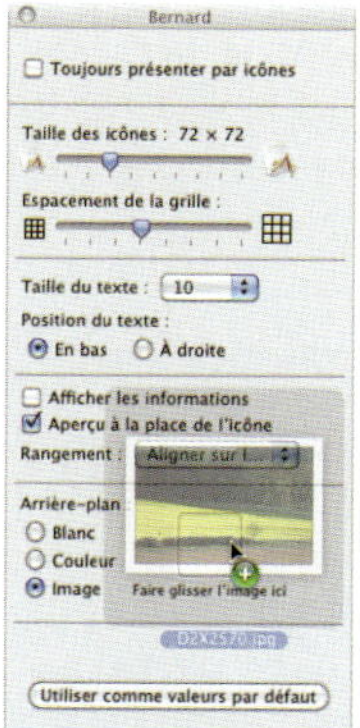

Figure 2.29 : Déposez l'image à utiliser comme fond de dossier.

Figure 2.30 : Un fond de dossier au colza.

Compresser un fichier

1. Cliquez du bouton droit (ou Ctrl+clic) sur un fichier à compresser et, dans le menu contextuel, choisissez Compresser « nom du fichier », comme à la Figure 2.31.

   Mac OS X crée une copie compressée du fichier et ajoute l'extension .zip (Figure 2.32).

Le taux de compression varie selon la nature du contenu. Il peut être modeste pour des photos, mais élevé pour du texte ou des feuilles de calcul.

Sélectionnez préalablement plusieurs fichiers pour les réunir dans un seul fichier compressé. Ce dernier est nommé Archive.zip (Figure 2.33).

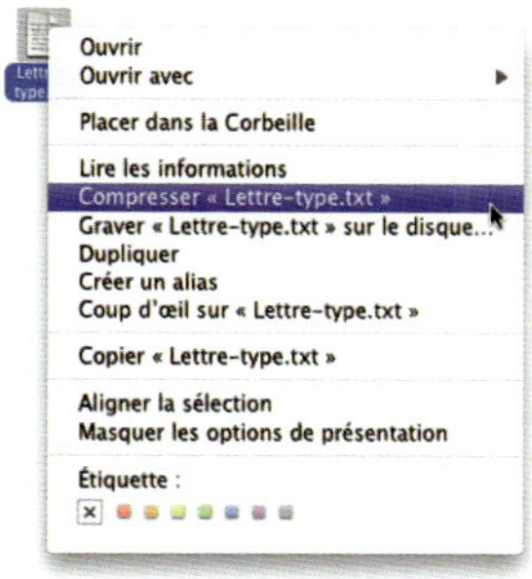

Figure 2.31 : Ce fichier va devenir moins volumineux.

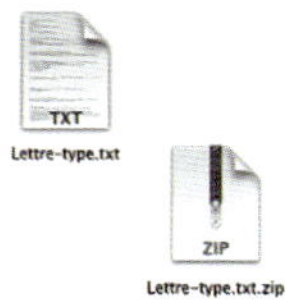

Figure 2.32 : Le fichier d'origine et sa copie compressée.

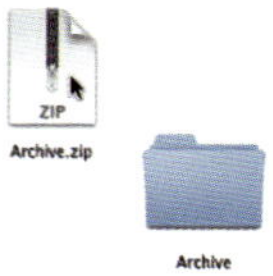

Figure 2.33 : Le fichier Archive.zip contient les six photos.

Décompresser un fichier

1. Placez le fichier compressé dans le dossier dans lequel vous désirez stocker son contenu.
2. Double-cliquez sur le fichier compressé.

   Mac OS X démarrera aussitôt l'utilitaire d'archive. Le contenu du dossier est décompressé dans un sous-dossier nommé Archive (Figure 2.34).
3. Accédez au dossier Archive pour vérifier si tous les éléments sont là.

Vous ne trouverez pas l'utilitaire d'archives dans le dossier Applications > Utilitaires, mais dans Système > Bibliothèque > Coreservice (Figure 2.35). C'est en effet une application dépourvue d'interface.

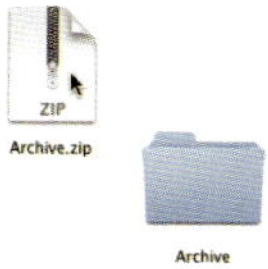

Figure 2.34 : Le fichier Archive.zip vient d'être décompressé. Son contenu se trouve dans le dossier Archive.

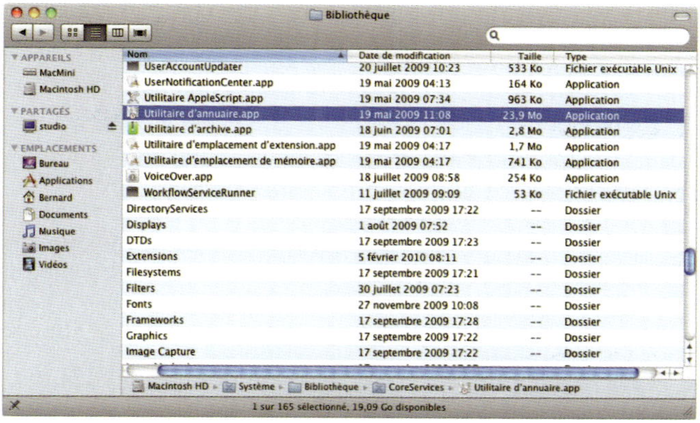

Figure 2.35 : L'utilitaire d'archive est bien caché dans Mac OS X Snow Leopard.

Créer un alias

1. Localisez un fichier ou un dossier auquel vous désirez accéder d'un seul clic depuis le Bureau.

   Dans notre exemple, le fichier en question, Compta-2010.numbers (réalisé avec iWork) se trouve dans Documents > Professionnel > Comptabilité > 2010 > Recettes-dépenses.

2. Cliquez sur le fichier du bouton droit (ou Ctrl+clic) et dans le menu contextuel, choisissez Créer un alias (Figure 2.36).

   Mac OS X crée une icône d'alias, reconnaissable à sa flèche en bas à gauche (Figure 2.37).

3. Tirez l'alias jusque sur le Bureau. Chaque fois que vous double-cliquerez dessus, le fichier auquel il est lié s'ouvrira.

Un alias peut être placé dans n'importe quel dossier du Mac. Vous pouvez créer plusieurs alias pointant vers un même fichier, afin d'ouvrir directement ce dernier depuis plusieurs emplacements dans le Mac.

Si vous déplacez ou supprimez le fichier cible, l'alias devient orphelin (Figure 2.38). En revanche, vous pouvez renommer le fichier cible ; le nom de l'alias sera automatiquement mis à jour. De même, vous pouvez supprimer le mot « alias » dans le nom de l'alias.

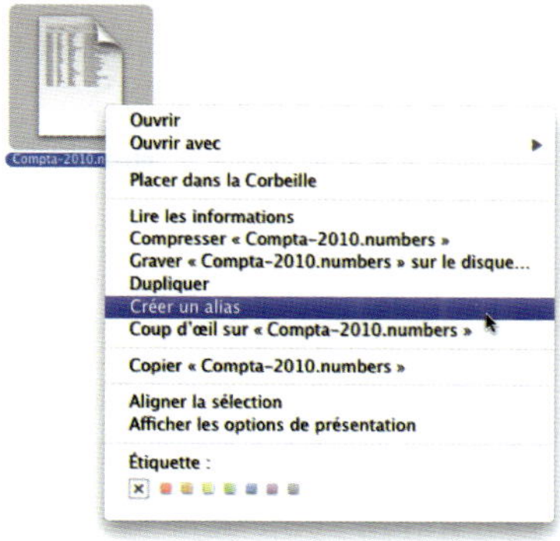

Figure 2.36 : Création d'un alias.

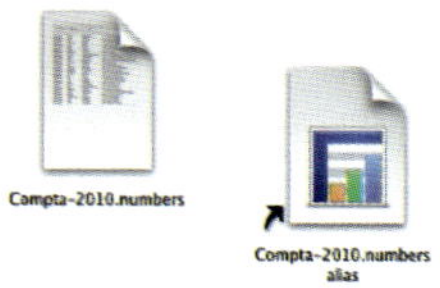

Figure 2.37 : Un fichier et son alias.

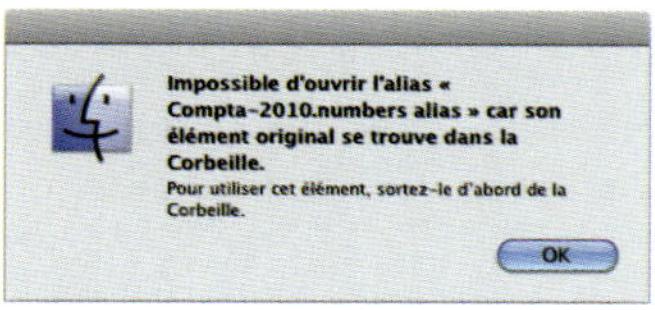

Figure 2.38 : Le fichier cible de l'alias a été supprimé.

Créer un dossier à graver

1. Dans la barre de menus du Finder, cliquez sur Fichier > Nouveau dossier à graver.
2. Insérez un CD ou un DVD vierge dans le lecteur optique. Le Mac affiche un panneau demandant l'opération à réaliser. Contentez-vous de cliquez sur OK.

   Informez-vous sur l'emballage du CD ou du DVD de la taille qu'il peut contenir :

   - **CD** : Jusqu'à 700 méga-octets maximum.
   - **DVD** : Jusqu'à 4,7 giga-octets maximum.
3. Faites glisser jusque dans le dossier tous les éléments que vous comptez graver (Figure 2.39). Appuyez éventuellement sur ⌘+N pour ouvrir une nouvelle fenêtre de Finder pour accéder à vos données.

   En bas de la fenêtre du dossier, la mention Taille minimum du disque indique en réalité la quantité de données prête à être gravée. Surveillez ce chiffre.

   Si vous avez dépassé la capacité prévue, supprimez des éléments en les sélectionnant et en les tirant jusque sur la Corbeille.

   Le dossier à graver ne contient pas véritablement les fichiers, mais des alias (voir technique précédente) qui pointent vers eux. Vous pouvez supprimer des alias sans danger.
4. Cliquez sur le bouton Graver, en haut à droite du dossier.

La gravure terminée, vous pouvez déposer le dossier à graver et tout son contenu dans la Corbeille.

Figure 2.39 : Remplissez le CD mais gardez un œil sur la quantité de données.

Établir la liste des fichiers d'un dossier

1. Ouvrez un dossier contenant une longue liste de fichiers dont vous devez fournir la liste (vous n'allez quand même pas saisir manuellement les 220 noms de fichier de la Figure 2.40 !)
2. Cliquez du bouton droit (ou Ctrl+clic) sur l'un des innombrables fichiers dont vous désirez établir la liste, et dans le menu contextuel, choisissez Lire les informations.
3. Dans la rubrique Général du panneau Infos sur [nom du fichier], cliquez au début du chemin à droite de Où, et tirez jusqu'à la fin pour le sélectionner (Figure 2.41).
4. Appuyez sur les touches ⌘+C pour copier le chemin dans le Presse-papier.
5. Dans le volet de gauche du dossier contenant les fichiers, cliquez sur Applications, puis double-cliquez sur le dossier Utilitaires, puis double-cliquez sur l'icône de l'application Terminal.
6. Saisissez les deux lettres CD, appuyez sur la touche Espace, puis sur ⌘+V pour coller le nom du chemin (Figure 2.42).
7. Appuyez sur la touche Retour pour valider la ligne de commande.

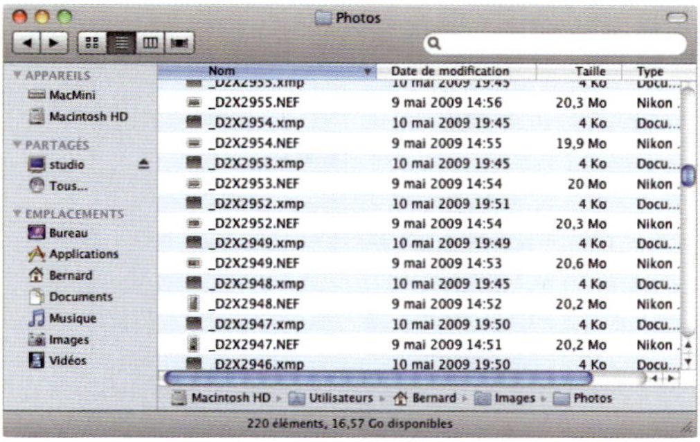

Figure 2.40 : Vous êtes censé envoyer à un client une longue liste de noms de fichiers.

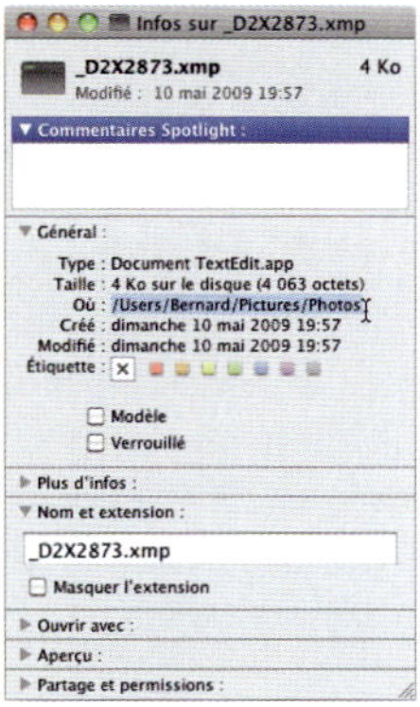

Figure 2.41 : Sélectionnez le chemin du dossier contenant les fichiers à lister.

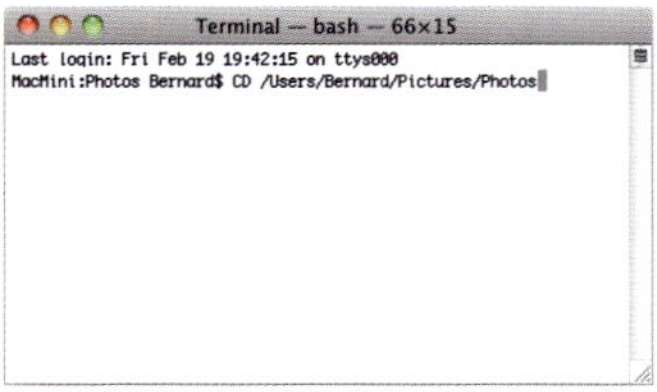

Figure 2.42 : Indiquez le chemin vers le dossier à lister.

7. Saisissez la commande suivante (Figure 2.43) :

   LS > liste.txt

   Notez que dans « liste.txt », le mot « liste » peut être remplacé par n'importe quel autre nom de votre choix, comme « photos.txt ».

8. Appuyez sur la touche Retour pour valider la ligne de commande.

   Il ne se passe apparemment rien, mais en clin d'œil, la ligne de commande a listé les fichiers du dossier et a inscrit la liste dans un fichier de texte.

9. Dans le dossier où vous avez cliqué sur l'application Utilitaire, cliquez à présent deux fois sur le bouton fléché en haut à gauche de la fenêtre.

   Mac OS X vous ramène au dossier contenant les fichiers. Le fichier liste.txt s'y trouve.

10. Double-cliquez sur le fichier liste.txt pour voir contenu. Le listing apparaît dans TextEdit (Figure 2.44).

    Les deux commandes CD et LS – elles peuvent être saisies en majuscules ou en minuscules – sont des commandes UNIX. Si ce langage informatique vous intéresse, vous trouverez un excellent cours d'initiation – au format PDF – de David Rossignol à l'adresse Web suivante : http://perso.univ-rennes1.fr/bernard.le-stum/Documents/CoursUnix.pdf.

11. Cliquez sur Fichier > Enregistrer pour conserver le listing. Fermez l'application Terminal.

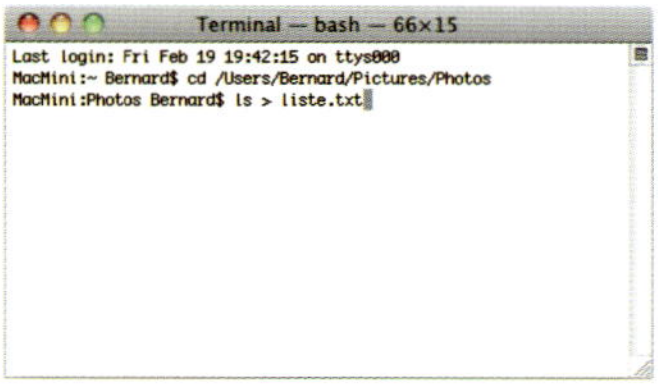

Figure 2.43 : Indiquez que la liste doit être inscrite dans un fichier nommé liste.txt.

Figure 2.44 : Le nom et l'extension de tous les fichiers se trouvent dans la liste.

Rechercher dans le Mac

1. Ouvrez une fenêtre du Finder.
2. Cliquez dans le champ de saisie en haut à droite de la fenêtre (Figure 2.45).
3. Saisissez un mot qui pourrait faire partie d'un nom de fichier, se trouver dans un des textes stockés, dans le Mac, ou dans les informations d'un morceau de musique, ou parmi les mots-clés des photos.

   La recherche s'affine au fur et à mesure que d'autres caractères sont saisis, jusqu'à ce que le critère complet soit utilisé (Figure 2.46).

La recherche est toujours effectuée dans la totalité des dossiers de l'utilisateur courant, quel que soit le dossier à partir duquel elle a été lancée.

Cliquez sur le bouton rond avec une croix, à droite dans le champ de saisie, pour effacer le critère de recherche.

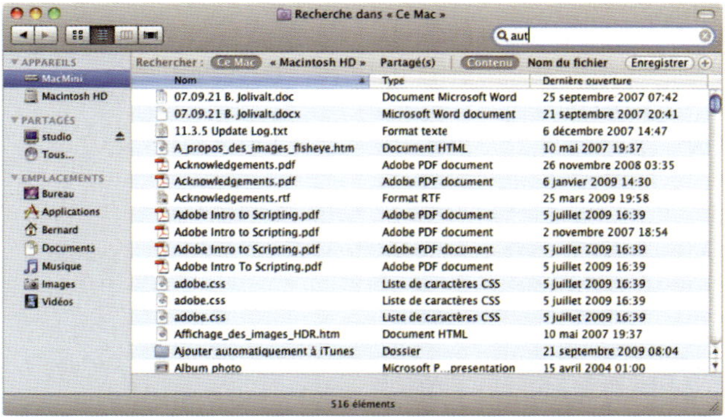

Figure 2.45 : Dès le début de la saisie, le Mac lance la recherche.

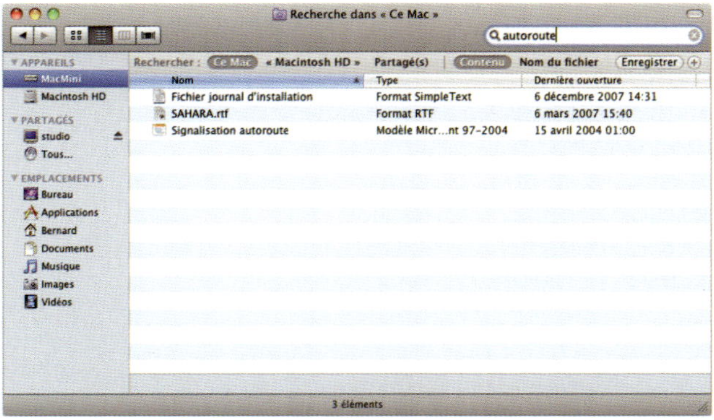

Figure 2.46 : À la fin de la saisie, le nombre de fichiers trouvés a considérablement réduit.

Affiner une recherche

1. Si la recherche a fourni un trop grand nombre de résultats, cliquez sur le bouton « + », en haut à droite de la fenêtre, à côté du bouton Enregistrer.
2. Cliquez sur le bouton Quelconque, à droite de Type, et dans la liste, choisissez Texte.

   Un autre bouton intitulé Tous apparaît à droite du bouton Texte.
3. Cliquez sur le bouton Tous. Dans le menu, sélectionnez le type de fichier de texte à afficher exclusivement (Figure 2.48).

   Seuls les fichiers textuels sont affichés (Figure 2.49).

Cliquez de nouveau sur le bouton « + » pour filtrer une liste avec d'autres critères, appelés « attributs » par Mac OS X, sélectionnés dans le premier bouton – celui de gauche – comme Auteurs, Polices utilisée, Mots-clés, Taille, Durée, etc. Des dizaines de critères sont prévus. Cliquez sur le bouton « - » pour supprimer un critère de filtrage.

Cliquez sur le bouton Enregistrer, en haut à droite, pour mémoriser les critères de recherche dans un dossier intelligent (voir technique suivante).

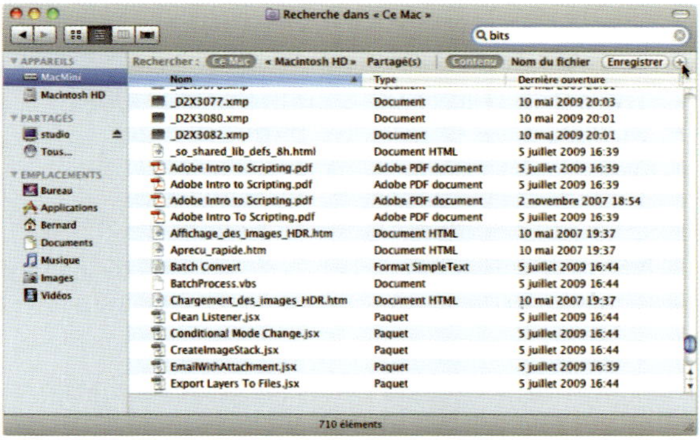

Figure 2.47 : Les résultats de la recherche sont nombreux et disparates.

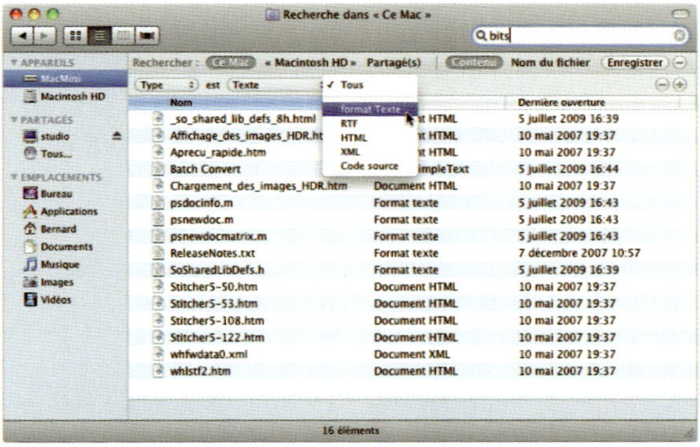

Figure 2.48 : Seuls les fichiers de texte seront affichés.

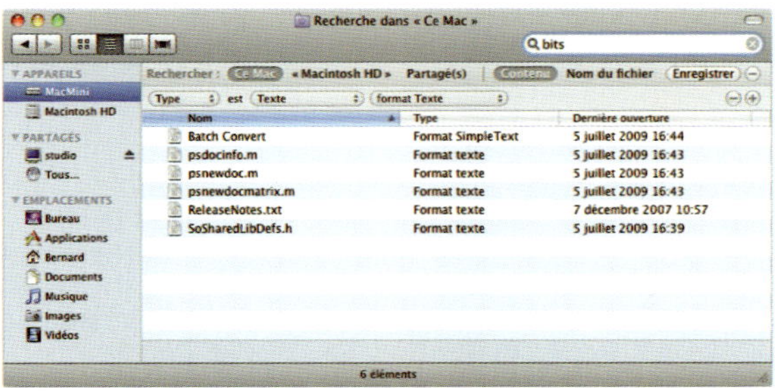

Figure 2.49 : La liste des résultats a été filtrée.

Créer un dossier intelligent

1. Définissez le type de fichiers que le dossier intelligent devra contenir.

   Pour notre exemple, nous voulons qu'il ne contienne que des fichiers au format PDF dans lesquels figure le mot « photographe ».

2. Dans la barre de menus du Finder, choisissez Fichier > Nouveau dossier intelligent.

3. Dans la fenêtre qui vient d'apparaître, cliquez sur le bouton rond « + », en haut à droite, à côté du bouton Enregistrer (voir Figure 2.47, à la technique précédente).

4. Cliquez sur le bouton à droite du bouton Type. Dans le menu, choisissez PDF (Figure 2.50).

   Tous les fichiers PDF sont affichés (mais pas ceux d'un autre utilisateur, si plusieurs comptes d'utilisateurs ont été configurés).

5. Cliquez sur le bouton « + », en haut à droite, pour ajouter un second critère de filtrage.

6. Cliquez sur le bouton de gauche, dans la seconde ligne, et dans le menu, choisissez Autres.

7. Dans le panneau qui apparaît, cochez la case Contenu, puis cliquez sur OK (Figure 2.51).

8. Dans le champ Contient, saisissez un mot que le fichier PDF doit contenir pour avoir le droit de se trouver dans le dossier intelligent (Figure 2.52).

   Tous les fichiers PDF contenant le mot « photographe » sont listés dans ce dossier. Si par la suite d'autres fichiers PDF contenant ce mot arrivent dans l'ordinateur, ils seront aussitôt ajoutés au dossier intelligent.

9. Cliquez sur le bouton Enregistrer afin de conserver le dossier intelligent. Comme la case Ajouter à la barre latérale est cochée (Figure 2.53) le nom du dossier intelligent figurera à la rubrique Rechercher. Il vous suffira de cliquer dessus pour ouvrir un dossier ne contenant que les documents correspondant aux critères que vous avez définis.

Les dossiers intelligents servent essentiellement à conserver un accès rapide à des documents bien précis. Ils sont automatiquement mis à jour au fur et à mesure que de nouveaux documents correspondant aux critères arrivent dans l'ordinateur.

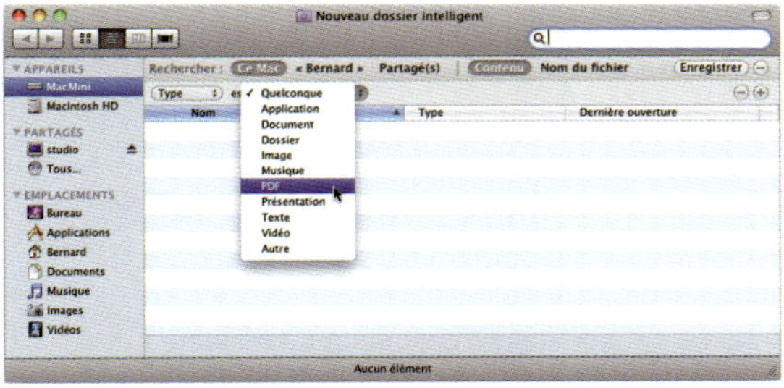

Figure 2.50 : Le dossier intelligent ne devra contenir que des fichiers PDF.

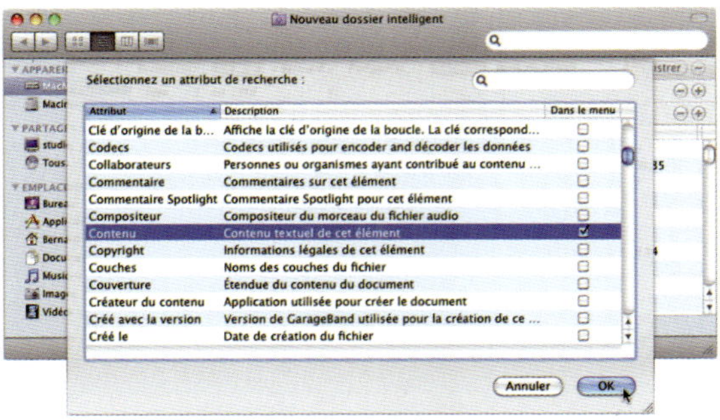

Figure 2.51 : Sélectionnez le critère de filtrage Contenu.

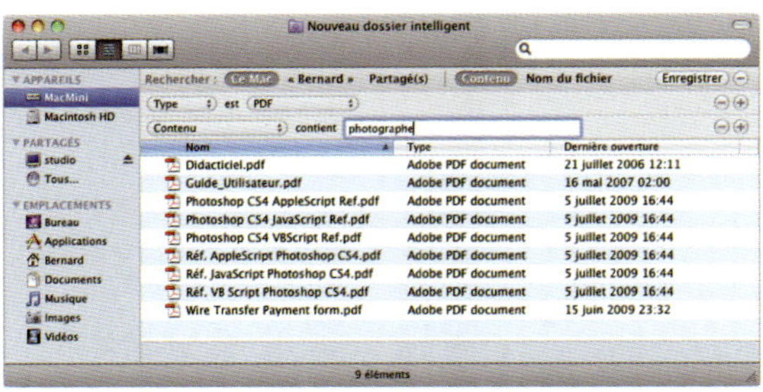

Figure 2.52 : Saisissez le texte devant servir au filtrage.

Chapitre 3

En savoir plus sur le Mac

Maintenant que vous connaissez le Bureau et que vous savez créer et gérer dossiers et fichiers, le moment est venu de mieux connaître le Mac.

Vous découvrirez ce qu'il y a sous le capot, non pas en vous armant d'un tournevis ou d'un pied-de-biche, mais indirectement, en consultant les nombreuses informations que votre Mac veut bien vous livrer. Ces informations vous seront utiles, soit lorsque vous devrez indiquer très exactement le modèle de Mac que vous possédez, soit lorsque vous voudrez ajouter un composant, comme de la mémoire vive, soit quand vous compterez installer un logiciel particulièrement exigeant au niveau des performances informatiques.

Connaître la version de Mac OS

1. Cliquez sur l'icône en forme de pomme, à gauche dans le menu Finder.
2. Dans le menu, choisissez l'option À propos de ce Mac (Figure 3.1).

   Dans le panneau qui apparaît, la version du système d'exploitation apparaît sous la mention Mac OS X (Figure 3.2).

Le panneau À propos de ce Mac indique le numéro de la version, mais comment connaître le surnom de Mac OS X, un nom de félin (Snow Leopard actuellement) ? Cette information est parfois utile avant de télécharger une application. Paradoxalement, elle ne figure nulle part dans Mac OS X. Vous la trouverez tout simplement sur le CD d'installation :

Les versions de Mac OS X sont, dans l'ordre chronologique inverse : Snow Leopard (2009), Leopard (2007), Tiger (2005), Panther (2003), Jaguar (2002), Puma (2001) et Cheetah (2001).

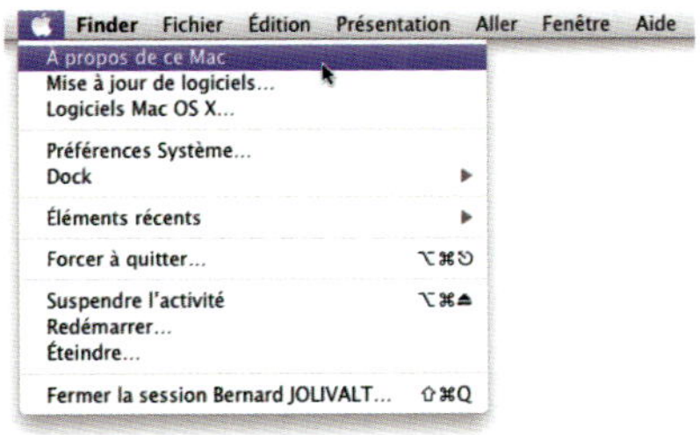

Figure 3.1 : Le menu Pomme contient les options les plus élémentaires du Mac.

Figure 3.2 : La version de Mac OS X est ici Snow Leopard 10.6.2.

Tout savoir sur votre Mac

1. Cliquez sur l'icône en forme de pomme, à gauche dans le menu Finder.
2. Dans le menu, choisissez l'option À propos de ce Mac.
3. Dans le panneau À propos de ce Mac, cliquez sur le bouton Plus d'infos (Figure 3.3).

   Un panneau portant le nom de l'ordinateur apparaît. Le volet de gauche, Contenu, comporte quatre rubriques (Figure 3.4) :

   - **Logiciel** : Vous trouverez notamment la liste de toutes les applications installées avec leur numéro de version, la liste de toutes les polices avec leur descriptif (mais cette information est accessible de manière plus conviviale au travers du Livre des polices).
   - **Matériel** : Les caractéristiques de tous les composants du Mac figurent dans cette rubrique : Détails à propos du processeur, mémoire vive installée, numéro de série, disque dur, lecteur et graveur de CD, cartes audio, Bluetooth et autres, ports USB…
   - **Réseau** : Contient tous les paramètres de réseau, de coupe-feu, modem, etc.

Bien que la plupart des informations soient très techniques, parcourir ces informations vous permettra de mieux savoir ce qui constitue votre Mac.

Le type de processeur et sa cadence sont indiqués dans le panneau de la Figure 3.3. Reportez-vous à la prochaine technique pour en savoir plus sur la mémoire installée.

Figure 3.3 : Accédez au descriptif complet de votre Mac.

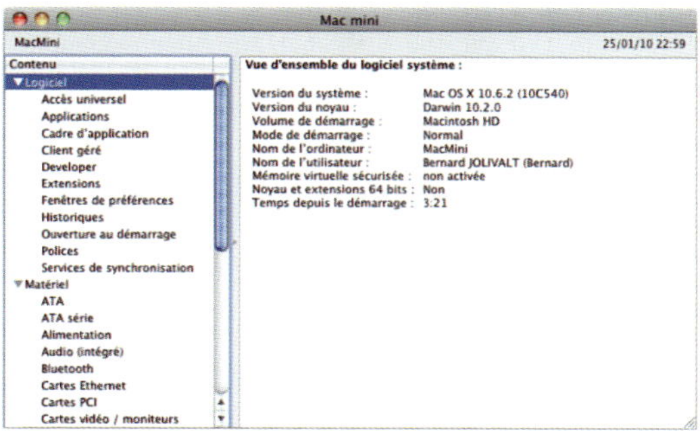

Figure 3.4 : Toutes les informations techniques du Mac se trouvent ici.

Reste-t-il de la place pour de la mémoire vive supplémentaire ?

1. Cliquez sur l'icône en forme de pomme, à gauche dans le menu Finder.
2. Dans le menu, choisissez l'option À propos de ce Mac.
3. Dans le panneau À propos de ce Mac, cliquez sur le bouton Plus d'infos.
4. À la rubrique Matériel, cliquez sur l'entrée Mémoire (Figure 3.5).

   Dans le panneau de droite, chaque logement de barrette mémoire s'appelle BANK. Si l'un d'eux est libre, vous pouvez ajouter une barrette de mémoire à cet emplacement. Si tous sont occupés, vous devrez ôter des barrettes et les remplacer par des barrettes de plus grande capacité. Consultez les caractéristiques du Mac, dans son manuel, pour connaître la taille maximale de mémoire qu'il accepte.

L'ajout où le remplacement des barrettes de mémoire est facile sur certains Mac, difficile sur d'autres en raison du démontage que cela impose. Confiez plutôt cette tâche à un service agréé Apple, surtout si le Mac est encore sous garantie.

Sur certains modèles de Mac, comme le Mac Book Air, la mémoire est soudée sur la carte mère. On ne peut ni en ajouter ni en ôter.

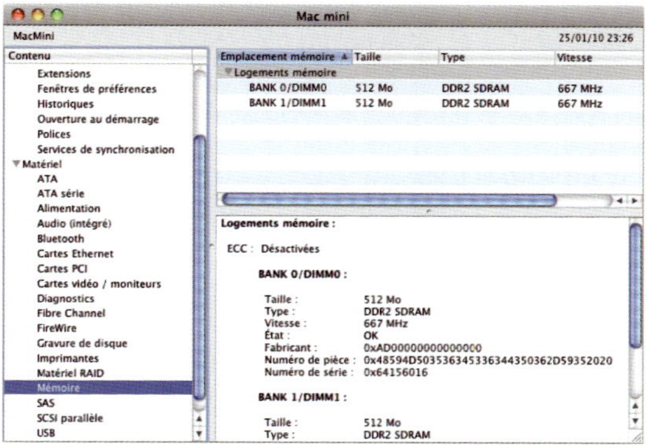

Figure 3.5 : Les deux logements de mémoire BANK 0 et BANK 1 sont occupés.

Connaître la mémoire vive disponible

1. Cliquez sur l'icône Finder, dans le Dock, ou double-cliquez sur l'icône Macintosh HD, sur le Bureau, ou appuyez sur ⌘+N.
2. Dans le volet de gauche du Finder, cliquez sur Application.
3. Cliquez ensuite sur Utilitaires puis sur Moniteur d'activité.

   La fenêtre principale montre tous les logiciels et utilitaires chargés en mémoire ainsi que la mémoire vive qu'ils occupent (colonne Mémoire réelle).
4. Dans la barre d'onglet en bas du Moniteur d'activité, cliquez sur Mémoire système.

   Dans le volet inférieur, un petit graphique à secteur montre l'occupation de la mémoire vive (Figure 3.6). Le secteur vert est celui de la mémoire disponible.

Vous pouvez placer le graphique de la mémoire vive en permanence afin de l'avoir toujours sous les yeux. Voici comment : dans le Dock, cliquez du bouton droit sur l'icône du Moniteur d'activité et choisissez Options > Garder dans le Dock (Figure 3.7).

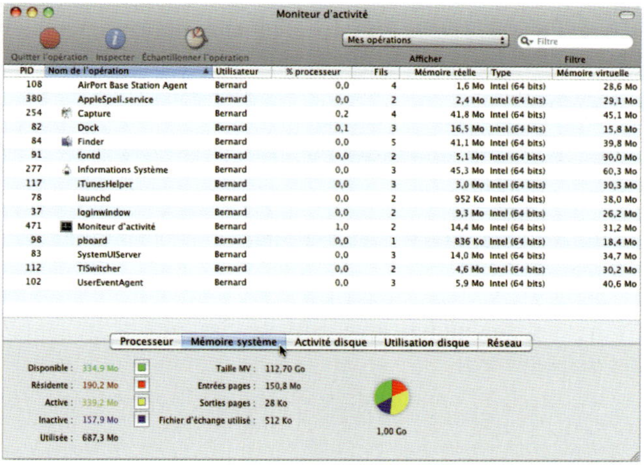

Figure 3.6 : Le graphique à secteurs indique la mémoire vive utilisée et celle qui est disponible.

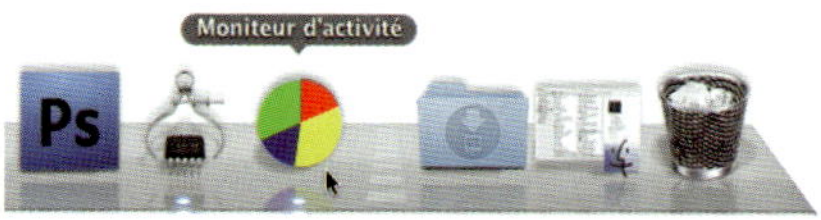

Figure 3.7 : Le graphique à secteurs de l'allocation de mémoire est affiché en permanence dans le Dock.

Estimer l'occupation du disque dur

1. Cliquez sur l'icône Finder, dans le Dock, ou double-cliquez sur l'icône Macintosh HD, sur le Bureau.
2. Dans le volet de gauche du Finder, cliquez sur Applications.
3. Cliquez ensuite sur Utilitaires puis sur Moniteur d'activité.
4. Dans la barre d'onglet en bas du Moniteur d'activité, cliquez sur Utilisation disque.

   Dans le volet inférieur, un petit graphique à secteurs montre l'occupation du disque dur (Figure 3.8). Le secteur vert est celui de l'espace disponible.

> **Pour connaître l'occupation d'une clé USB ou d'un disque dur externe connecté au Mac, cliquez sur le bouton à gauche du graphique et, dans la liste, sélectionnez la clé USB ou le disque dur (Figure 3.9).**

Le bouton Activité disque, à gauche du bouton Utilisation disque, affiche un graphique à courbes indiquant la quantité de données lues et écrites sur le disque dur, ainsi que débit maximal des données.

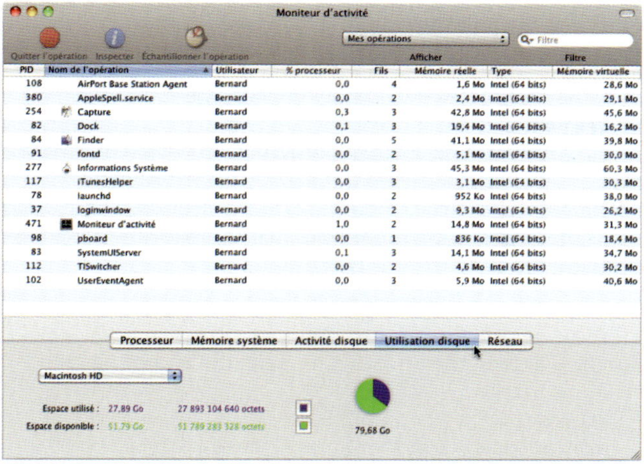

Figure 3.8 : Le graphique à secteurs indique l'espace disponible sur le disque dur.

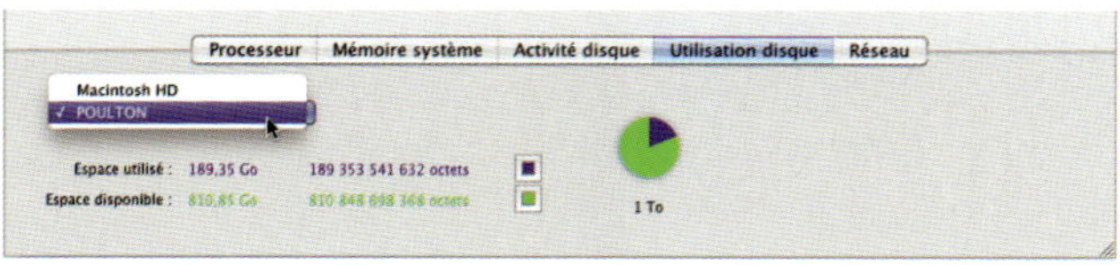

Figure 3.9 : L'occupation d'un disque dur externe peut aussi être affichée.

Quelle est la charge de la batterie ?

1. Gardez un œil sur l'icône de la batterie, à droite dans la barre de menu du Finder.
2. Si vous le désirez, choisissez entre l'affichage du pourcentage de charge de la batterie, à droite de l'icône, ou l'affichage de la durée restante. Pour cela, cliquez du bouton droit sur l'icône de la batterie (ou Ctrl+clic) puis choisissez Afficher > Le pourcentage ou alors Afficher > La durée (Figure 3.10).
3. Dans le menu ouvert à l'Étape 2, choisissez éventuellement l'option Ouvrir Économiseur d'énergie pour configurer la suspension de l'activité de l'ordinateur selon la charge de la batterie (Figure 3.11).

Vous voulez évaluer instantanément où en est la charge de la batterie ? Inutile de démarrer le Mac portable pour si peu. Retournez-le et appuyez sur le gros bouton à côté de quatre diodes. Elles fournissent une évaluation de la charge certes grossière (Figure 3.12), mais fort utile.

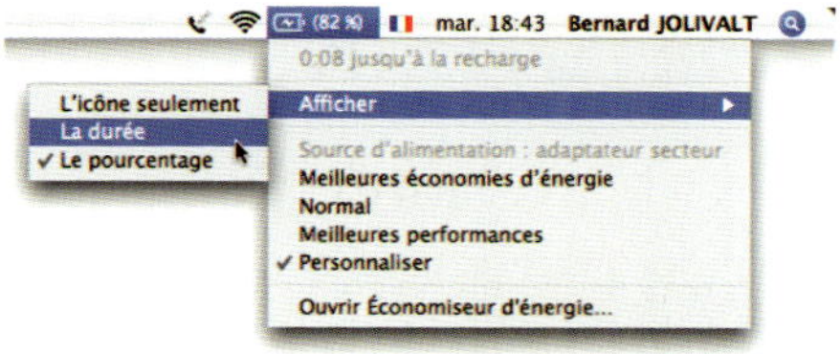

Figure 3.10 : Affichez le pourcentage de charge de la batterie ou son autonomie.

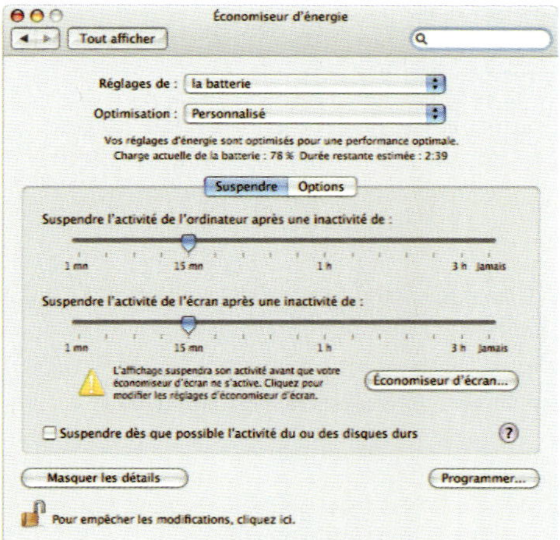

Figure 3.11 : Réglez ici les options d'extinction de l'écran et de mise en veille afin d'économiser l'énergie de la batterie.

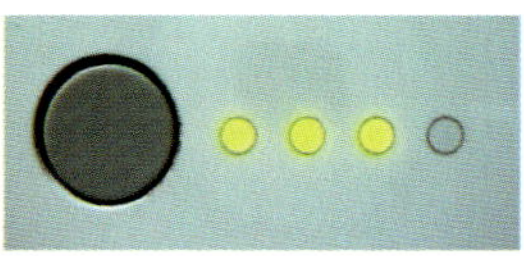

Figure 3.12 : La batterie du Mac est à peu près chargée aux trois quarts.

Où en sont les piles du clavier et de la souris sans fil ?

1. Dans la barre de menus du Finder, cliquez sur l'icône Pomme et choisissez Préférences système.
2. Dans la rubrique Matériel, cliquez sur l'icône Clavier ou sur l'icône Souris.

   Le niveau des piles est mentionné en bas à gauche (Figure 3.13).

Il existe un autre moyen, plus rapide, de s'informer :

À droite dans la barre de menus du Finder, cliquez sur l'icône Bluetooth et à la rubrique Appareils, immobilisez le pointeur de la souris sur Clavier de [nom] puis sur Souris de [nom] (Figure 3.14).

Si l'icône Bluetooth n'est pas visible dans la barre des menus, cliquez sur l'icône Pomme et choisissez Préférences système. Dans la rubrique Internet et sans fil, cliquez sur l'icône Bluetooth. Ensuite, en bas à gauche de la boîte de dialogue Bluetooth, cochez la case Afficher l'état Bluetooth dans la barre des menus.

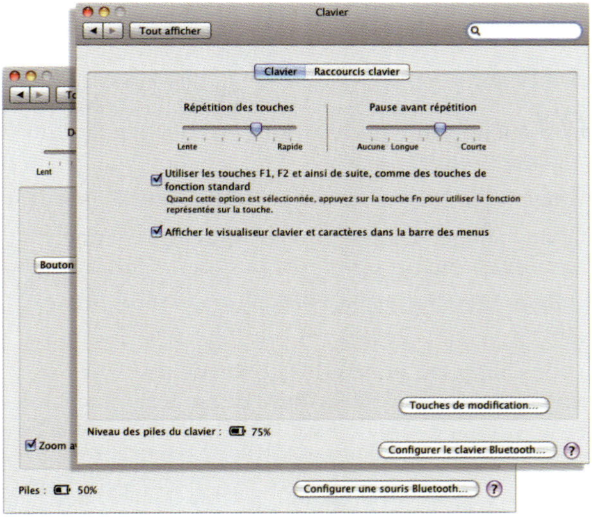

Figure 3.13 : Le niveau des piles est indiqué en bas à gauche de la boîte de dialogue.

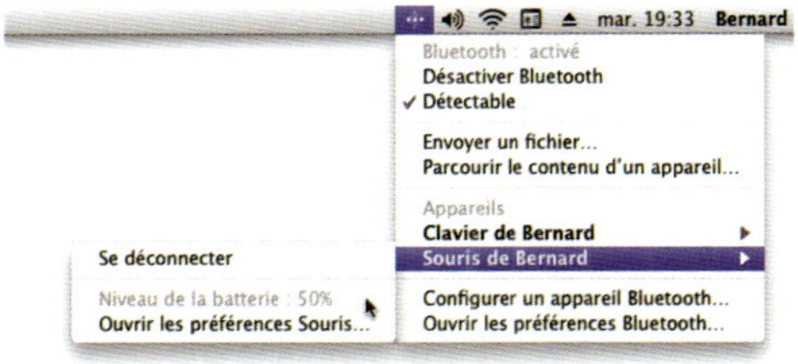

Figure 3.14 : L'état des piles des appareils relié au Mac par une liaison Bluetooth peut être consulté depuis la barre des menus.

Accéder aux visualiseurs de clavier et de caractères

1. Dans la barre des menus du Finder, cliquez sur l'icône Pomme et choisissez Préférences système.
2. Dans la rubrique Personnel, cliquez sur l'icône Langue et texte.
3. Dans la boîte de dialogue Langue et texte, cliquez sur l'onglet Méthodes de saisie.
4. Tout en haut de la liste de gauche, cochez la case Visualiseur clavier/caractères.

   Assurez-vous qu'en bas, au milieu de la boîte de dialogue, la case Afficher le menu Saisie dans la barre des menus est cochée (Figure 3.15) En principe, elle l'est spontanément lorsque la case Visualiseur clavier/caractères vient d'être cochée.

Les deux visualiseurs sont à présent disponibles dans la barre des menus (Figure 3.16). Le visualiseur de clavier est décrit à la prochaine technique, « Accéder aux touches cachées du clavier ». Le visualiseur de caractères est décrit dans la Troisième partie du livre.

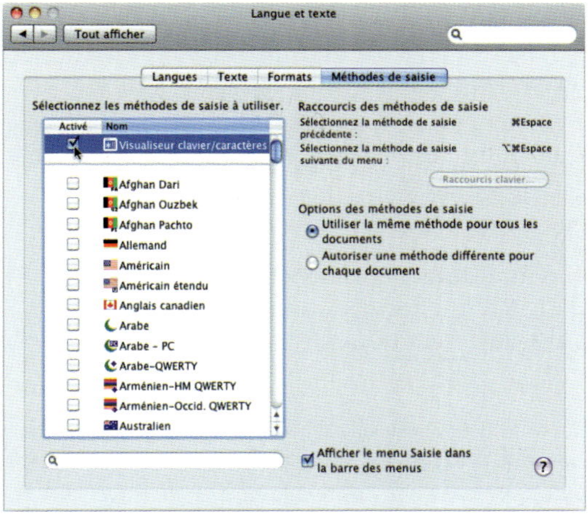

Figure 3.15 : Activez ici l'affichage des icônes du visualiseur de clavier et du visualiseur de caractères dans la barre de menus.

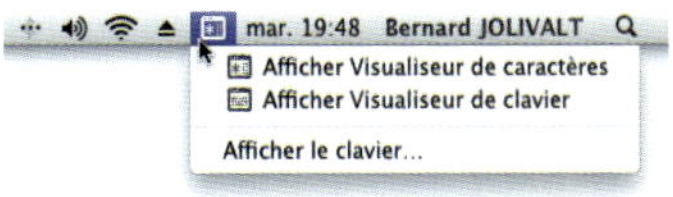

Figure 3.16 : L'accès au visualiseur de clavier et au visualiseur de caractères a été activé.

Accéder aux touches cachées du clavier

1. Assurez-vous d'avoir effectué la technique précédente, « Accéder aux visualiseurs de clavier et de caractères ».
2. À droite dans la barre des menus, cliquez sur l'icône des visualiseur et choisissez Afficher visualiseur de clavier (Figure 3.17).

   Une représentation d'un clavier compact connecté au Mac est affichée (Figure 3.18). Aucune touche spéciale ne se trouve sur le pavé numérique du clavier étendu.
3. Découvrez les caractères spéciaux du clavier en appuyant sur les touches suivantes :
   - Alt
   - Alt+Majuscule
   - Ctrl
   - fn (claviers compacts)

Sur le visualiseur de clavier, les touches enfoncées apparaissent en gris. Les touches orangées sont des touches mortes – accent circonflexe, tréma, accent mort et tilde – nécessitant l'appui sur une autre touche pour être utilisées.

Le visualiseur de clavier est commode pour l'écriture de termes étrangers comme *Straße* en allemand ou *El niño* en espagnol.

Les caractères peuvent être saisis dans une application en cliquant directement sur les touches du visualiseur, et aussi, bien sûr, en tapant sur le véritable clavier.

Figure 3.17 : Sélectionnez le visualiseur de clavier.

Figure 3.18 : Les caractères spéciaux de la touche Alt.

Utiliser un clavier étranger

1. Dans la barre des menus du Finder, cliquez sur l'icône Pomme et choisissez Préférences système.
2. Dans la rubrique Personnel, cliquez sur l'icône Langue et texte.
3. Dans la boîte de dialogue Langue et texte, cliquez sur l'onglet Méthodes de saisie.
4. Dans la liste de gauche, cochez la case du clavier que vous désirez utiliser. Plusieurs langues peuvent être sélectionnées (Figure 3.19).
5. Fermez la boîte de dialogue Langue et texte.
6. À droite dans la barre des menus, cliquez sur l'icône montrant le drapeau national de la langue actuellement utilisée par le clavier, puis sélectionnez la langue de votre choix (Figure 3.20).

Le clavier est reconfiguré en fonction de la langue sélectionnée à l'Étape 6. Pour utiliser efficacement cette technique, l'idéal est d'acquérir un véritable clavier étranger qui serait connecté au Mac, afin de connaître l'affectation des touches. À moins de connaître les touches du clavier les yeux fermés, comme toute bonne dactylo.

Figure 3.19 : Sélectionnez la ou les langues que vous comptez pratiquer.

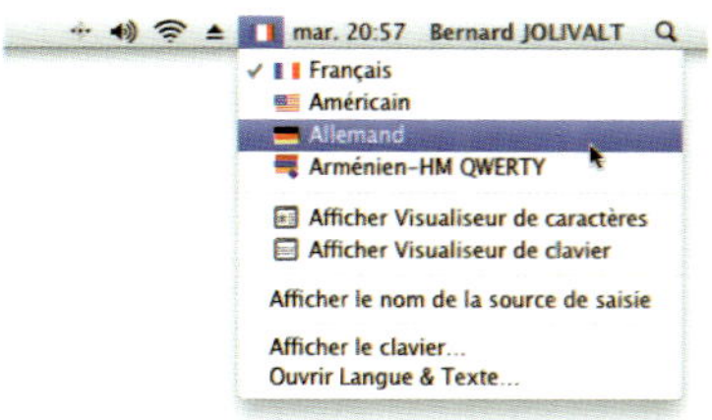

Figure 3.20 : Sélectionnez le ou les claviers que vous comptez utiliser.

Créer un nouveau compte d'utilisateur

1. Dans le Dock, cliquez sur l'icône Préférences système.
2. Dans la rubrique Système, cliquez sur l'icône Comptes pour accéder à a boîte de dialogue de la Figure 3.21.
3. Cliquez sur le petit cadenas en bas à gauche.

   Mac OS X vous demande de saisir votre mot de passe d'utilisateur (Figure 3.22).

   Cliquez sur le bouton marqué d'un point d'interrogation pour apprendre comment réinitialiser le mot de passe du Mac, si jamais vous l'avez oublié (vous aurez besoin du DVD d'installation de Mac OS X).

4. Cliquez sur le bouton « + », en bas à gauche de la boîte de dialogue.
5. Dans le panneau de la Figure 3.23, déroulez le menu Nouveau compte et sélectionnez l'une des options suivantes :
   - **Administrateur** : Ce statut permet de créer et supprimer des comptes d'utilisateur, de modifier les préférences système de son propre compte et celles des autres comptes, d'installer ou supprimer des logiciels.
   - **Standard** : L'utilisateur peut installer et supprimer des logiciels, modifier les préférences système de son propre compte, mais il ne peut pas modifier celles des autres utilisateurs du Mac ni créer ou supprimer des comptes. C'est l'option conseillée pour tout autre utilisateur que vous.
   - **Géré avec Contrôles parentaux** : L'utilisation du compte est soumise aux limitations définies dans les contrôles parentaux (voir prochaine technique).
   - **Partage uniquement** : L'utilisateur ne peut accéder qu'aux fichiers partagés (voir technique « Partager un dossier », un peu plus loin dans ce chapitre).
   - **Groupe** : Goupe contenant d'autres comptes d'utilisateur et de groupe.

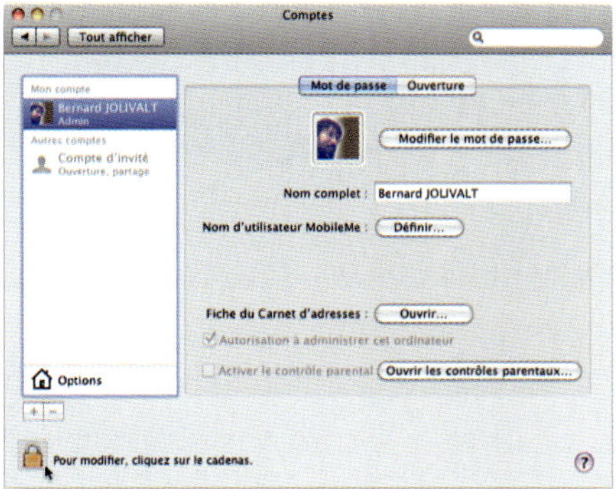

Figure 3.21 : La boîte de dialogue Comptes.

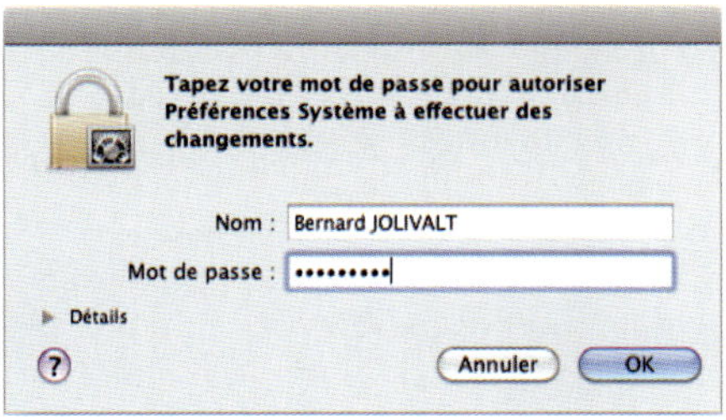

Figure 3.22 : Saisissez le mot de passe du Mac.

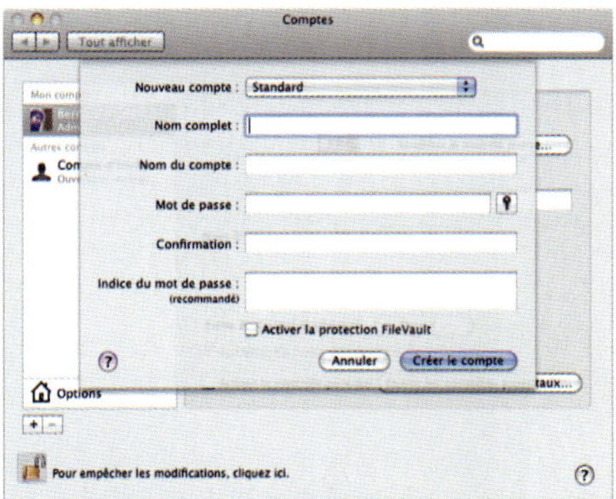

Figure 3.23 : La boîte de dialogue de configuration d'un nouveau compte.

6. Dans le champ Nom Complet, saisissez le prénom et le nom du nouvel utilisateur. Exemple : Marianne Chevalier. Ce nom apparaît à droite dans la barre de menus du Finder.

   Mac OS X remplit automatiquement le champ Nom du compte (Exemple : mariannechevalier). Vous pouvez le modifier si vous le désirez (mettre Marianne, dans notre exemple). Ce nom apparaît dans la boîte de dialogue Comptes.

7. Saisissez un mot de passe pour l'accès au nouveau compte. Saisissez-le de nouveau dans le champ Confirmation.

8. Dans Indice du mot de passe, indiquez un élément qui vous permettra de vous remémorer le mot de passe (soyez aussi sibyllin que possible afin que le mot de passe ne soit pas facile à deviner).

9. Si les données qui se trouveront dans le nouveau compte d'utilisateur sont confidentielles ou sensibles, cochez la case Activer la protection FileVault. Ces données seront ainsi chiffrées.

10. Cliquez sur le bouton Créer le compte.

    La boîte de dialogue de la Figure 3.24 apparaît.

11. Cliquez sur l'une de ces deux options :

    - **Désactiver l'ouverture automatique** : Au démarrage de l'utilisateur, les icônes des différents utilisateurs sont présentées.
    - **Conserver l'ouverture automatique** : Au démarrage, le Mac ouvre automatiquement le compte d'utilisateur principal. Pour accéder à un autre compte, il faudra procéder comme expliqué un peu plus loin à la technique « Changer d'utilisateur ».

    Le nouveau compte d'utilisateur est créé (Figure 3.25).

12. Fermez la boîte de dialogue en cliquant sur le bouton rouge, en haut à gauche.

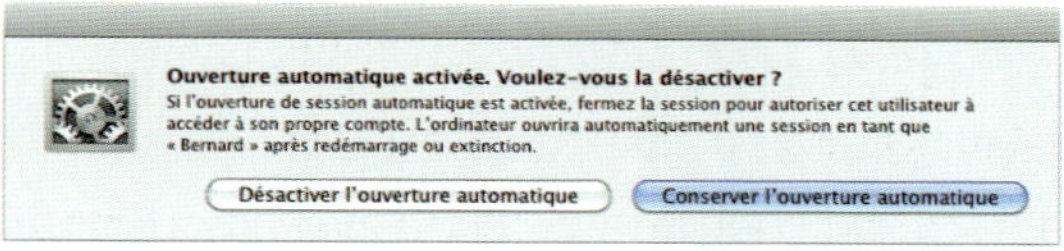

Figure 3.24 : Indiquez ce que le Mac doit faire lors du démarrage.

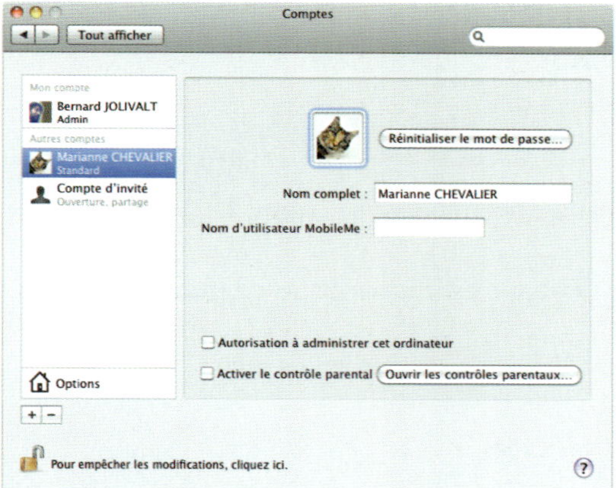

Figure 3.25 : Un nouveau compte standard vient d'être créé.

L'image de l'utilisateur peut être modifiée en cliquant dessus. L'option Modifier l'image permet de choisir un fichier d'image (par exemple, une photo vous représentant).

Cocher la case Autorisation à administrer cet ordinateur transforme le compte d'utilisateur Standard en compte Administrateur.

Ouvrir un compte d'utilisateur temporaire

1. Dans le Dock, cliquez sur l'icône Préférences système.
2. Dans la rubrique Système, cliquez sur l'icône Comptes.
3. Cliquez sur le cadenas, en bas à gauche, puis saisissez votre mot de passe d'utilisateur.
4. Dans la colonne de gauche, cliquez sur Compte d'invité (Figure 3.26).
5. Cochez la case Autoriser les invités à se connecter à cet ordinateur.
6. Fermez la boîte de dialogue en cliquant sur le bouton rouge, en haut à gauche.

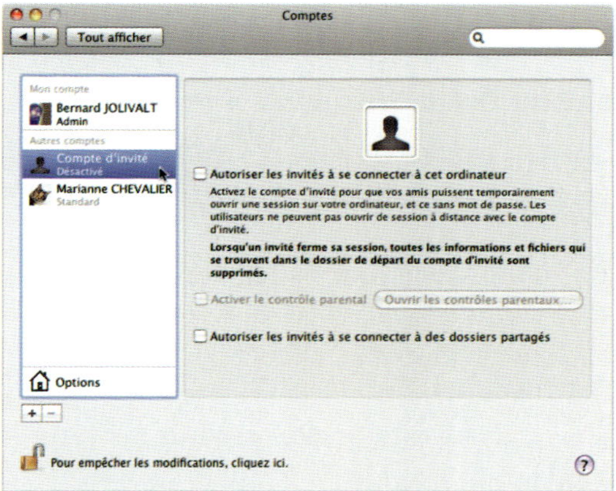

Figure 3.26 : Activez le compte d'utilisateur Invité pour les amis de passage désireux d'utiliser votre ordinateur.

Activer le contrôle parental

1. Dans le Dock, cliquez sur l'icône Préférences système.
2. Dans la rubrique Système, cliquez sur l'icône Comptes.
3. Cliquez sur le cadenas, en bas à gauche, puis saisissez votre mot de passe d'utilisateur.
4. Cliquez sur le compte d'utilisateur à surveiller, puis cliquez sur le bouton Ouvrir les contrôles parentaux (Figure 3.27).
5. Dans la boîte de dialogue qui apparaît, cliquez sur le bouton Activer le contrôle parental.
6. Configurez les options sous les cinq onglets suivants :
   - **Système** : Autorisation ou interdiction d'utiliser certains logiciels (Figure 3.28) ou d'effectuer certaines tâches.
   - **Contenu** : Dictionnaire expurgé seulement. Autorisation ou interdiction de l'accès à certains sites Web (vous établissez une liste blanche et/ou une liste noire des sites).
   - **Mail et iChat** : Limitation de la messagerie et des conversation à des noms connus. Possibilité d'envoyer automatiquement un message à une adresse Internet en cas de tentative d'échanger du courrier avec un contact ne figurant pas dans la liste approuvée.
   - **Horaires** : Limitation de l'usage de l'ordinateur en semaine et pendant les week-ends (Figure 3.29).
   - **Historiques** : Liste des activités du compte pendant une période donnée ou sans limite de temps.

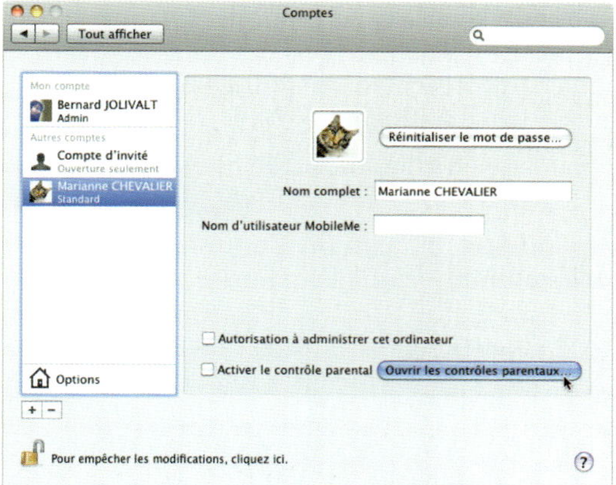

Figure 3.27 : Accédez aux paramètres du contrôle parental.

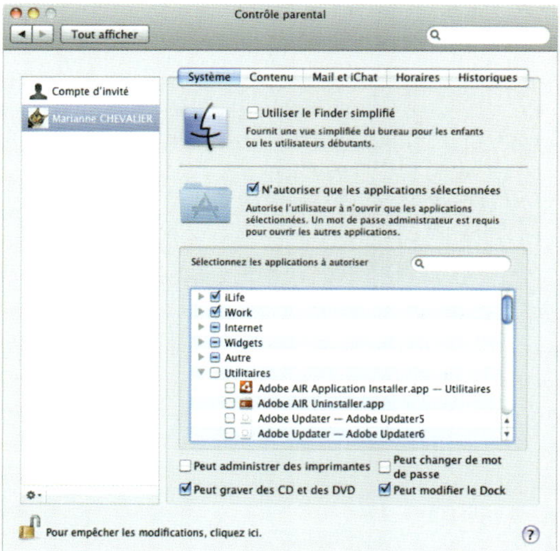

Figure 3.28 : Accordez ou refusez l'utilisation de certains logiciels.

Les différentes options étant clairement expliquées dans les boîtes de dialogue, nous ne les détaillerons pas dans ces pages (pour des explications complémentaires, cliquez sur le bouton « ? » en bas à droite de chaque panneau).

7. Fermez la boîte de dialogue en cliquant sur le bouton rouge, en haut à gauche.

Dans la boîte de dialogue Comptes, la mention Contrôlé, sous le nom d'un compte d'utilisateur, indique que le contrôle parental est actif.

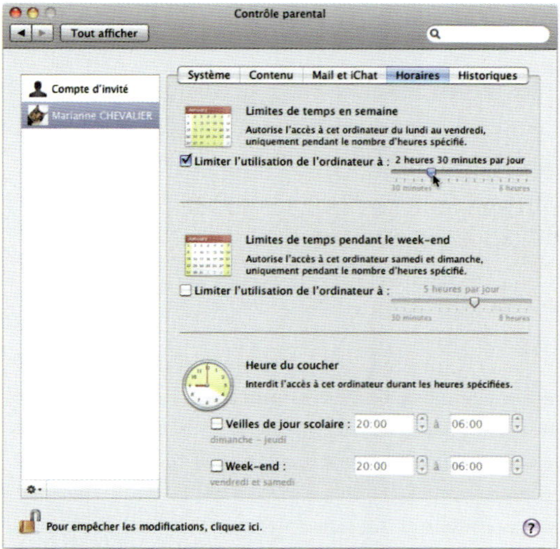

Figure 3.29 : Fixez des limites de temps à l'usage du Mac.

Changer de compte d'utilisateur

1. Cliquez sur le nom de l'utilisateur, à droite dans la barre de menus du Finder.
2. Choisissez le compte d'utilisateur à ouvrir (Figure 3.30).
3. Dans le panneau qui apparaît, saisissez le mot de passe du compte puis cliquez sur le bouton Ouvrir une session.

   Si vous ne vous souvenez pas du mot de passe, cliquez sur le bouton Mot de passe oublié pour obtenir l'indice que vous avez défini lors de la création du compte.

Lors d'un changement de compte d'utilisateur comme expliqué ci-dessus, celui que vous quittez reste ouvert, ce qui permet d'y retourner par la même procédure. Pour le fermer et libérer ainsi de la place dans la mémoire vive du Mac, ne procédez pas comme ci-dessus mais cliquez sur la pomme, à gauche dans la barre de menus, et choisissez Fermer la session [nom du compte d'utilisateur], comme à la Figure 3.31. Choisissez ensuite un nouveau compte d'utilisateur dans la liste qui est affichée.

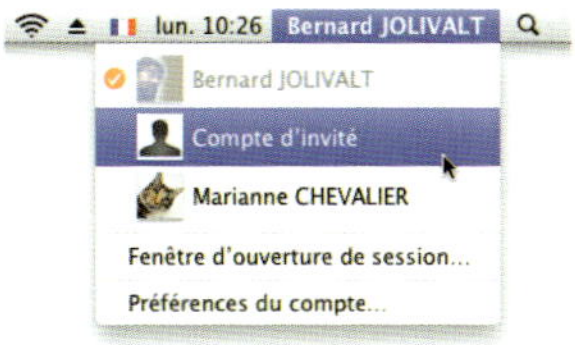

Figure 3.30 : Ouverture d'un autre compte d'utilisateur.

Figure 3.31 : Quittez la session en cours.

Partager un dossier

1. Dans le Dock, cliquez sur l'icône Finder.
2. Accédez à un dossier à partager avec tous les autres utilisateurs du Mac ou du réseau. Notez que les sous-dossiers seront également partagés.
3. Cliquez du bouton droit (ou Ctrl+clic) sur le dossier à partager puis, dans le menu contextuel, choisissez Lire les informations.
4. Dans la rubrique Général, cochez la case Dossier partagé (Figure 3.32).

   Un bandeau Dossier partagé (Figure 3.33) surmonte la fenêtre des dossiers dont le contenu est accessible par les autres comptes d'utilisateurs ou les utilisateurs d'un autre Mac ou PC d'un réseau local.

La rubrique Partage et permissions, en bas du panneau Infos sur [Dossier] permet de limiter ou étendre les actions autorisées par. Pour accorder un accès maximal à vos documents, choisissez Lecture et écriture, dans le menu de droite. Pour limiter l'accès à la consultation des documents (sans pouvoir les modifier), choisissez Lecture seulement.

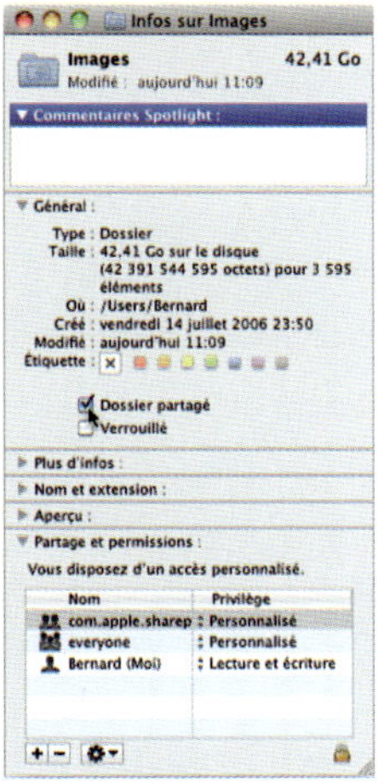

Figure 3.32 : Partagez un dossier et ses sous-dossiers.

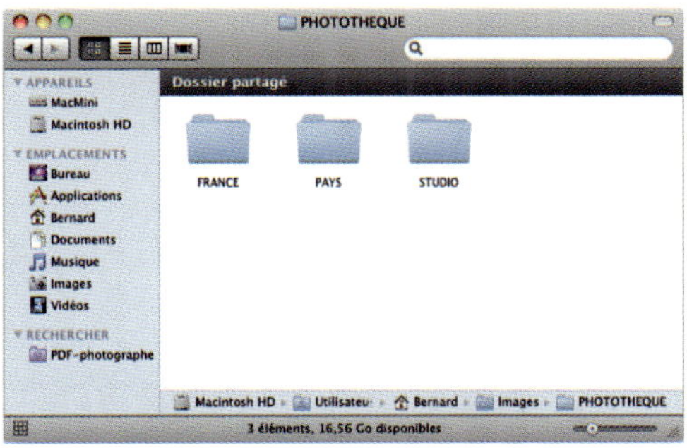

Figure 3.33 : Un dossier partagé.

Deuxième partie

Internet et réseau

Chapitre 4

Surfer sur le Web

L'accès à l'Internet est l'une des principales motivations d'acquisition d'un d'ordinateur. Ce domaine se divise en deux parties : la visite des sites Internet permettant de s'informer et d'acheter en ligne, et la messagerie, abordée dans le prochain chapitre.

La légendaire facilité d'utilisation du Mac fait qu'il détecte automatiquement le routeur ou la box auquel il est relié, que ce soit par un câble Ethernet ou mieux, par une liaison sans fil Wi-Fi.

La visite des sites Internet est effectuée grâce à un logiciel spécial appelé navigateur Web. Celui du Mac s'appelle Safari. Dans ce chapitre, vous apprendrez à l'utiliser efficacement pour accéder à l'information que vous recherchez.

Se connecter à la Wi-Fi

1. Allumez votre Mac portable puis cliquez sur l'icône Wi-Fi, à droite dans la barre de menus (si vous êtes chez vous, le Mac se connecte automatiquement à votre routeur ou à votre borne).

   Le Mac recherche aussitôt les réseaux Wi-Fi à portée (Figure 4.1).

2. Sélectionnez l'un des réseaux.

   La connexion est établie.

   Si un cadenas se trouve à droite du nom, le réseau est protégé. Vous devrez saisir un mot de passe dans la boîte de dialogue que montre la Figure 4.2.

3. Saisissez la clé de 26 caractères dans le champ Mot de passe puis cliquez sur OK.

   Cette clé figure généralement sous le routeur ou sous la Box.

Vous pouvez également trouver la clé WEP (*Wireless Enhanced Privacy*, confidentialité sans fil améliorée) dans l'un des panneaux de configuration du routeur ou de la box en démarrant Safari et en en saisissant l'adresse Internet http://192.168.1.1 dans la barre d'adresse. Le nom d'utilisateur et le mot de passe sont généralement identiques : admin et admin.

Pour voir le mot de passe que vous saisissez, ce qui est plus confortable que l'affichage de gros points, cochez la case Afficher le mot de passe. Cochez aussi la case Mémoriser ce réseau pour n'être plus obligé de saisir de nouveau la clé WEP quand vous voudrez vous reconnecter à cette borne Wi-Fi.

Certaines box, comme celle d'Orange, doivent être mises en mode Association afin de pouvoir accepter la connexion d'un nouvel ordinateur.

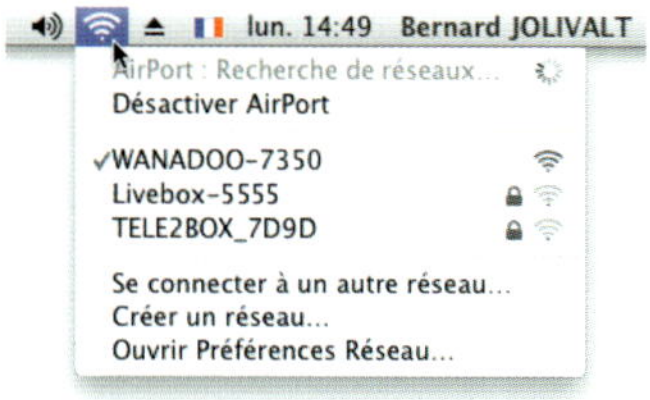

Figure 4.1 : Le Mac a détecté des bornes Wi-Fi dans le voisinage.

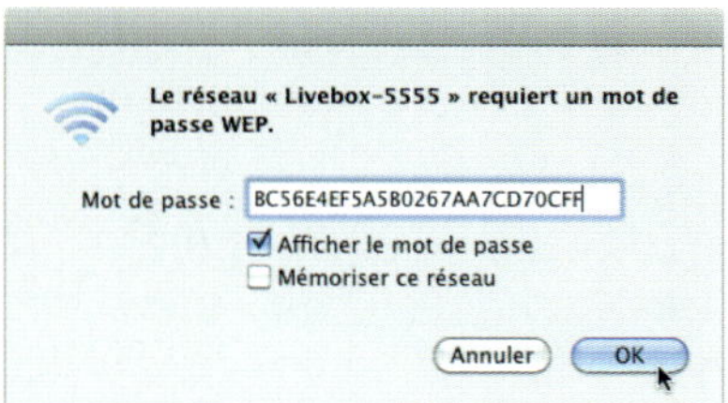

Figure 4.2 : Une clé WEP est requise.

Accéder à un site Web

1. Dans le dock, cliquez sur l'icône Safari.
2. Dans la barre d'adresse, saisissez l'adresse du site auquel vous désirez vous connecter (Figure 4.3).
3. Appuyez sur la touche Retour.

   Safari se connecte au site et affiche la page demandée.

Vous n'êtes pas obligé de saisir la totalité d'une adresse Internet :

- Si l'adresse d'un site se termine par .com, vous pouvez vous passer de taper le préfixe http://www ainsi que le suffixe .com. Exemple : au lieu de saisir http://apple.com, tapez simplement apple et appuyez sur Retour.
- Pour toutes les autres adresses, vous pouvez vous dispenser du préfixe http:// ou http://www : au lieu de saisir http://www.google.fr, ne tapez que google.fr.

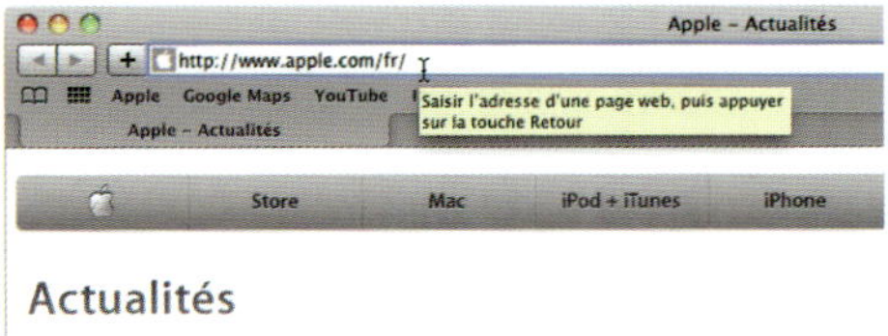

Figure 4.3 : Saisissez une adresse dans Safari.

Cliquer sur des liens

1. Accédez à une page Web.
2. Recherchez les liens qu'elle contient :
   - Un lien hypertexte est souvent – mais pas toujours – affiché en bleu et souligné (Figure 4.4). Le pointeur de la souris se transforme en main en le survolant. Cliquer sur le lien hypertexte mène à une nouvelle page, soit dans le même site Web, soit dans un autre site.
   - Un lien graphique (Figure 4.5) n'est détectable qu'en survolant l'image avec pointeur de la souris ; il se transforme alors en main. Cliquer sur l'image mène à une nouvelle page, soit dans le même site Web, soit dans un autre site.

Promenez toujours le pointeur de la souris dans une page Web et observez son aspect. Vous découvrirez parfois des liens peu visibles.

Vous voulez savoir vers quel site pointe un lien ? Lorsque le curseur est en forme de main, jetez un coup d'œil dans la barre d'état en bas à gauche de Safari. Vous y trouverez la mention Ouvrir « http://www.le_site_de_destination.htm ».

Figure 4.4 : Le pointeur de la souris se transforme en main lorsqu'il survole un lien.

Figure 4.5 : Les images peuvent contenir un lien.

Naviguer parmi les pages Web

1. Arrivé dans un site comme expliqué à la technique précédente, cliquez sur les liens qui vous intéressent.
2. Pour revenir à la page que vous venez de quitter, cliquez sur le bouton fléché pointant vers la gauche, en haut à gauche de Safari.

   Le bouton juste à côté ramène à la page que vous venez de quitter à l'étape précédente.

Maintenez le clic sur la flèche Page précédente pour afficher la liste de toutes les pages visitées depuis que vous avez démarré Safari (Figure 4.7). Choisissez la page désirée pour y accéder directement.

Il existe d'autres moyens de revenir dans un site Web :

- Consulter l'historique, comme expliqué à la prochaine technique.
- Utiliser un signet, comme expliqué plus loin dans ce chapitre.

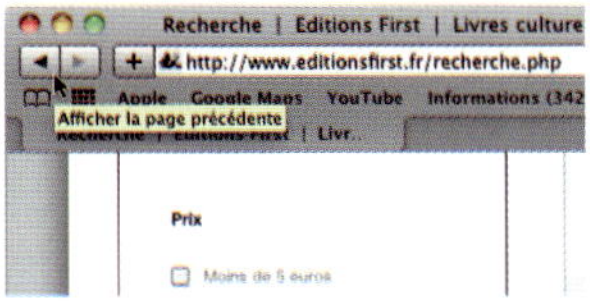

Figure 4.6 : Revenez à la page précédente.

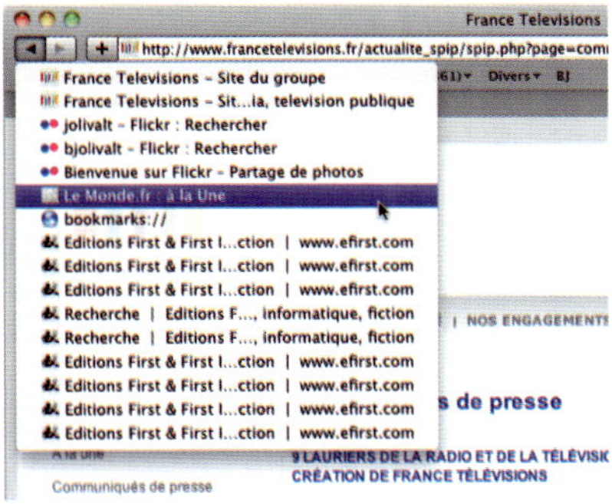

Figure 4.7 : Safari mémorise les pages visitées.

Utiliser l'historique

1. Dans la barre de menus de Safari, cliquez sur Historique (Figure 4.8).
2. Choisissez dans la liste la page Web à laquelle vous désirez accéder.

En bas de la liste des pages, des entrées par dates permettent de revenir dans les sites visités tel ou tel jour.

Pour supprimer toutes traces de vos visites, cliquez sur Effacer l'historique, tout en bas de la liste. Safari vous demande confirmation (Figure 4.9) et propose dans la foulée de réinitialiser le Top Sites, une fonction décrite au prochain chapitre. Cliquez sur Effacer.

Pour empêcher Safari d'ajouter les pages visitées à l'historique, cliquez sur Safari > Navigation privée, dans la barre de menus, puis cliquez sur OK.

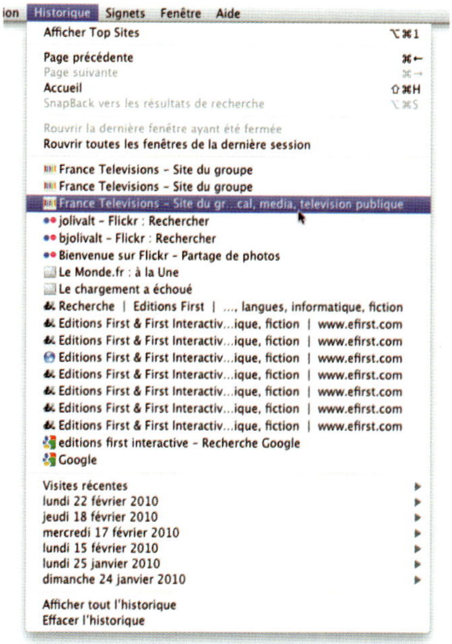

Figure 4.8 : L'historique contient toutes vos pérégrinations sur le Web depuis un mois.

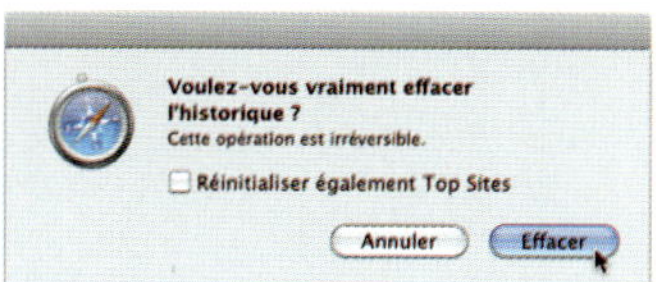

Figure 4.9 : Effacez l'historique de vos visites.

Afficher les Top Sites

1. Cliquez du bouton droit (ou Ctrl+clic) dans la barre d'onglets, juste au-dessus du visuel de Safari (Figure 4.10), ou cliquez sur Fenêtre > Top Sites ou sur le quadrillage sous le bouton Page suivante (dans ces deux cas, passez à l'Étape 3).
2. Dans le menu, choisissez Nouvel onglet.

   Safari affiche aussitôt un mur d'images montrant les sites que vous êtes censé préférer (Figure 4.11). Il s'agit de ceux que vous avez fréquemment visités, mais aussi d'autres sites affichés à titre « publicitaire », comme eBay, Yahoo! ou Amazon.
3. Parcourez les sites avec le pointeur de la souris et cliquez sur celui auquel vous désirez accéder.

Cliquez sur le bouton Modifier pour configurer le mur d'image à votre convenance (affichage de 6, 12 ou 24 sites), ajouter un site qui vous plaît, ou en supprimer. Cliquez ensuite sur le bouton Terminer.

Figure 4.10 : Créez un nouvel onglet.

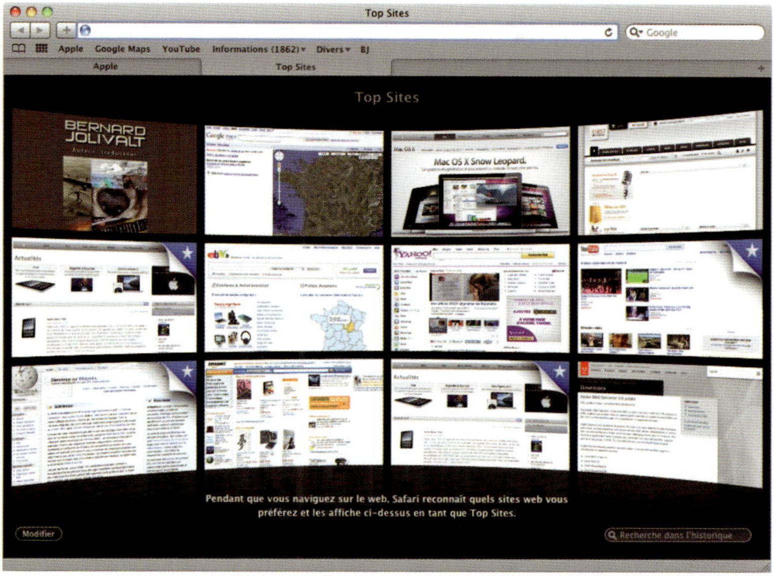

Figure 4.11 : Le panneau du Top sites.

Définir la page de démarrage

1. Accédez à la page Web que vous désirez utiliser comme page de démarrage.

   La page de démarrage est celle à laquelle Safari accède dès que vous le démarrez. La page d'accueil est la page principale du site Web que vous visitez.

2. Dans la barre de menu de Safari, cliquez sur Safari > Préférences.

3. Sous l'onglet Général, cliquez sur le bouton Utiliser la page active (Figure 4.12).

   Désormais, Safari affichera la page active chaque fois que vous le démarrerez.

Vous pouvez aussi saisir directement l'adresse de la page dans le champ Page d'accueil (qui devrait s'appeler Page de démarrage).

Bloquer les fenêtres surgissantes

1. Dans la barre de menus de Safari, cliquez sur Safari > Bloquer les fenêtres surgissantes (Figure 4.13).

2. C'est tout.

   Cette action bloque en principe les fenêtres publicitaires comme celle de la Figure 4.14

Ce filtre n'arrêtera pas toutes les fenêtres publicitaires.

La technique des fenêtres surgissantes est utilisée par certains sites pour afficher une mini-page Web contenant une photo agrandie ou des informations complémentaires.

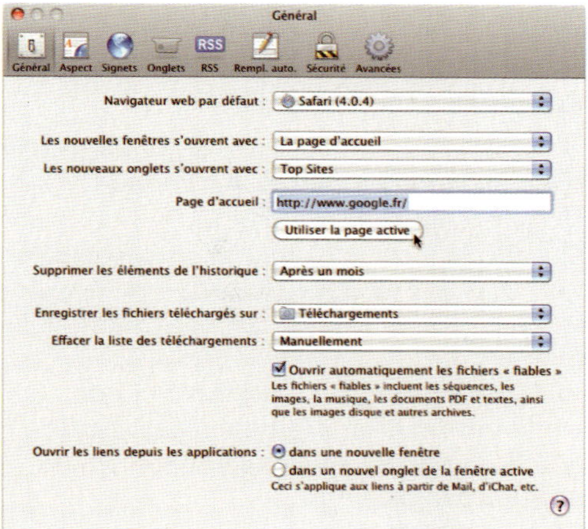

Figure 4.12 : Choisissez la page qui s'affichera au démarrage de Safari.

Figure 4.13 : Halte aux fenêtres publicitaires !

Figure 4.14 : Une fenêtre surgissante.

Gérer les cookies

1. Dans la barre de menu de Safari, cliquez sur Safari > Préférences.
2. Dans la boîte de dialogue Préférences, cliquez sur l'onglet Sécurité (Figure 4.15).
3. Choisissez l'une des trois options d'acceptation des cookies.
4. Pour voir les cookies installés dans votre ordinateur, cliquez sur le bouton Afficher les cookies.

   Le panneau qui apparaît (Figure 4.16) est assez hermétique pour le néophyte. La seule information exploitable est la date d'expiration des cookies. Vous pouvez effacer le ou les cookies sélectionnés, ou les supprimer tous.
5. Cliquez sur Terminer pour quitter le listing des cookies.

Les cookies sont des petits fichiers contenant du texte que les sites placent dans l'ordinateur pour savoir combien de fois vous avez visité le site, quelles pages vous avez visitées, etc. Beaucoup de sites, notamment bancaires, exigent que votre ordinateur les accepte.

Dans la boîte de dialogue Sécurité, l'option Provenant seulement des sites que je visite (reportez-vous à la Figure 4.15) est la plus sûre car elle refuse les cookies traceurs. Ces derniers sont des cookies renvoyant des informations vers des sites « partenaires » de celui qui les a placés, généralement afin de créer le profil de l'internaute et l'exploiter à des fins commerciales.

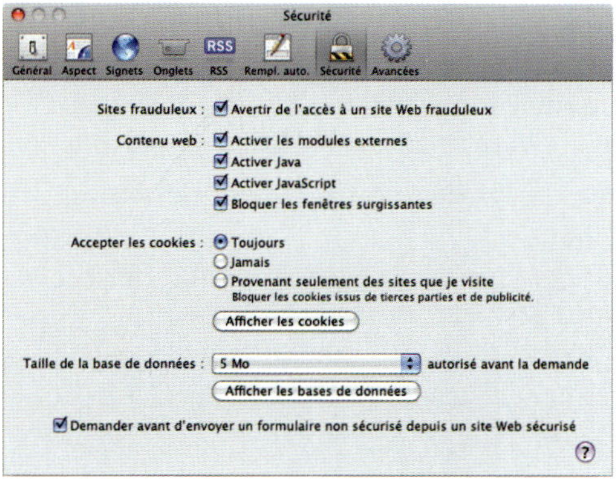

Figure 4.15 : Gérez ici l'acceptation ou non des cookies.

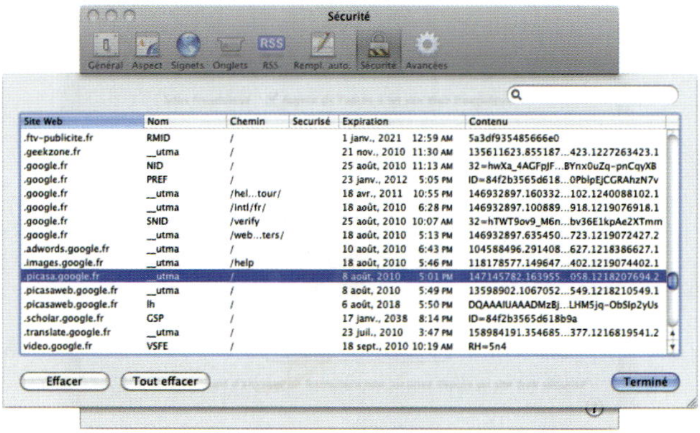

Figure 4.16 : La liste des cookies installés dans l'ordinateur.

Effectuer une recherche sur Internet

1. Accédez à un moteur de recherche comme Google. Pour cela, saisissez google.fr dans la barre d'adresse et appuyez sur Entrée.
2. Saisissez l'objet de votre recherche dans le champ de saisie central.

   Observez comment Google propose des thèmes de recherche au fur et à mesure que vous saisissez un mot (Figure 4.17)
3. Finissez de saisir l'objet de votre recherche puis cliquez sur le bouton Rechercher, ou choisissez une option parmi les propositions.

   Google affiche la liste des résultats (Figure 4.18).
4. Cliquez sur le lien d'un résultat pour accéder au site désiré.

   Au besoin, faites défiler la liste. En bas de la page, cliquez sur un numéro de page pour accéder aux autres pages de résultat.

Dans la liste des résultats, les mots de la recherche sont en gras.

Si le site ou la page recherchée n'existe plus sur le Web, cliquez sur le lien Cache. Google cherchera dans ses propres serveurs la version la plus récente qu'il avait copiée.

Pour effectuer une recherche complexe avec Google, cliquez sur le lien Recherche avancée, à droite du bouton Rechercher.

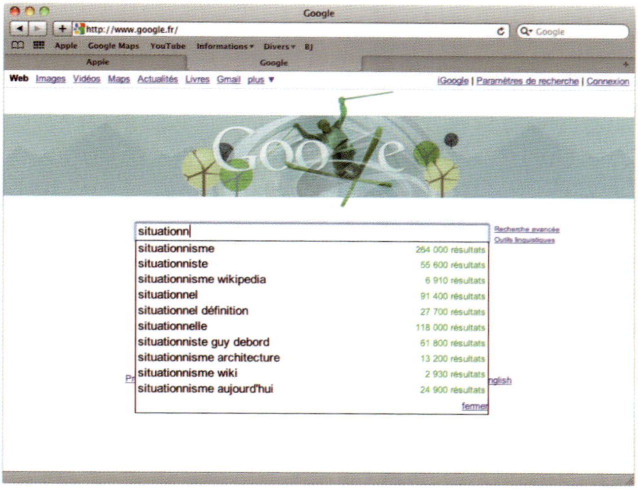

Figure 4.17 : Google anticipe vos saisies.

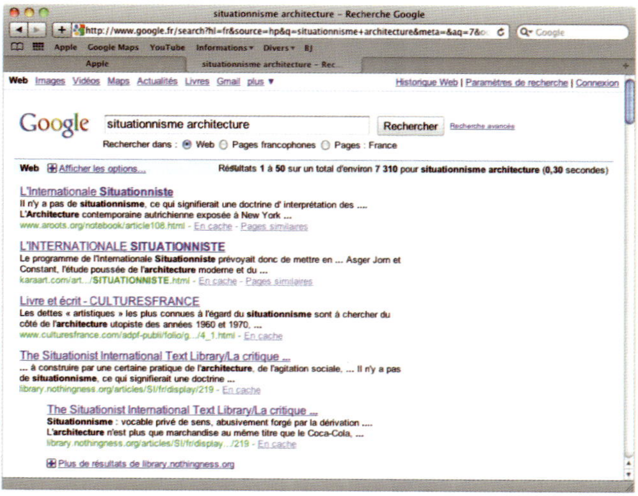

Figure 4.18 : En moins d'un tiers de seconde, Google a trouvé 7 310 réponses parmi les milliards de pages Web engrangées dans ses serveurs.

Rechercher des images

1. Saisissez google.fr dans la barre d'adresse et appuyez sur Entrée.
2. En haut à gauche de Google, cliquez sur le lien Images.
3. Tapez les termes de votre recherche dans le champ de saisie puis cliquez sur Rechercher.

   Google affiche des vignettes de toutes les images qu'il a découvertes sur le thème demandé (Figure 4.19).
4. Cliquez sur une vignette pour accéder à des informations complémentaires.

   Google ouvre une page montrant la vignette en haut à gauche (Figure 4.20) et, dans la partie inférieure, le site où elle se trouve. Remarquez quelques informations importantes à droite de la vignette : les dimensions de la photo en pixels, la taille de la photo en kilo-octets et le format de l'image (JPG, GIF ou PNG).
5. Cliquez sur la photo ou sur le lien Afficher l'image en taille réelle pour la voir (Figure 4.21).
6. Cliquez sur le bouton Afficher la page précédente.

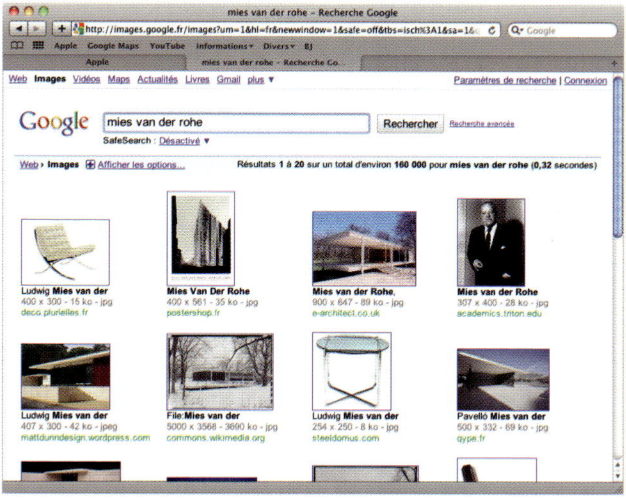

Figure 4.19 : Google a découvert 160 000 photos et dessins concernant l'architecte Mies van de Rohe.

Figure 4.20 : La photo, en haut à gauche, et la page où elle se trouve (en bas).

7. Pour accéder à la page Web où se trouve l'image, cliquez sur le lien qui se trouve à droite de la vignette. Ou alors, cliquez sur le lien Supprimer le cadre, complètement à droite (reportez-vous à la Figure 4.20).

   Seule la page Web contenant la photo est affichée. Son adresse figure dans la barre d'adresse de Safari (Figure 4.22).

Si vous le désirez, vous pouvez copier l'image afin de la coller dans un document de votre choix (un traitement de texte par exemple). Pour ce faire, cliquez du bouton droit dans l'image et tout en bas du menu contextuel, choisissez Copier l'image.

Les images sur l'Internet sont protégées par la loi sur le droit d'auteur. Vous ne pouvez les utiliser - même sans but lucratif - sans le consentement par écrit de leur auteur.

Figure 4.21 : La photo est affichée en taille réelle.

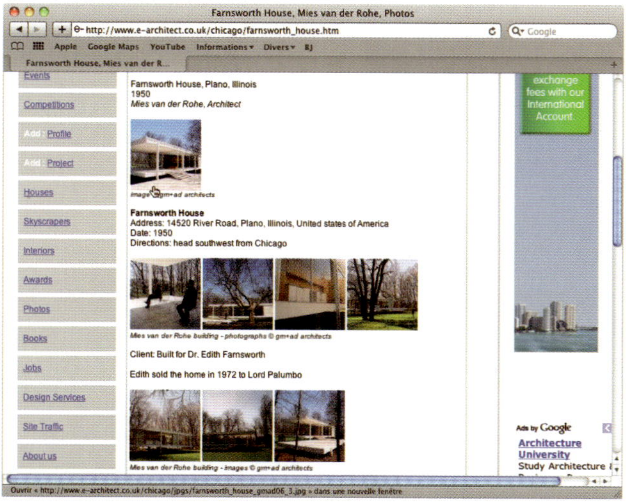

Figure 4.22 : La page Web ne contient qu'une vignette de la photo, mais cliquer dessus ouvre la version en grand format.

Créer un signet

1. Accédez à une page Web qui vous plaît et dans laquelle vous avez l'intention de revenir de temps en temps.
2. Cliquez sur le bouton « + », à gauche de la barre d'adresse (Figure 4.23).
3. Vérifiez le nom qui sera associé au signet. S'il ne vous semble pas assez significatif, remplacez-le par un texte plus évocateur.
4. Cliquez sur le bouton Menu Signets et choisissez l'emplacement où le signet sera stocké :
   - **Top Sites** : La page Web apparaîtra dans le mur d'images décrit précédemment à la technique « Afficher les Top Sites ».
   - **Barre de signets** : Le signet sera placé dans la barre des signets, juste sous la barre d'adresse. Réservez cet emplacement aux signets que vous comptez utiliser fréquemment.
   - **Menu Signets** : Le signet sera stocké dans un menu décrit à la prochaine technique, « Utiliser les signets ».
5. Cliquez sur le bouton Ajouter.

   Safari affiche le panneau visible à la Figure 4.24.

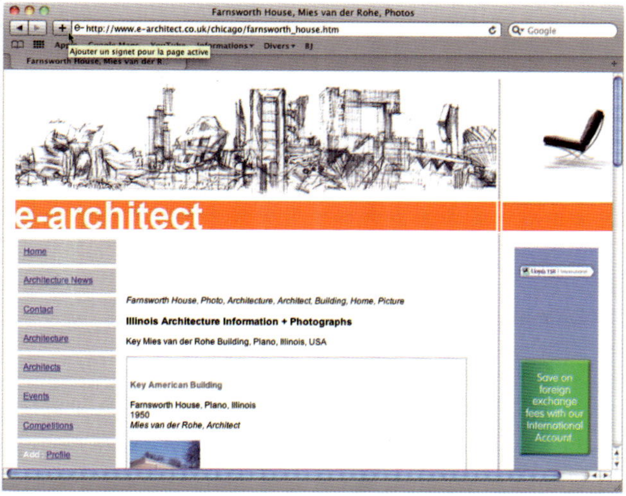

Figure 4.23 : Créez un signet pour retourner rapidement dans une page Web.

Figure 4.24 : Un signet est sur le point d'être créé.

Utiliser les signets

1. Cliquez sur le bouton Afficher tous les signets, à l'extrême gauche dans la barre des signets (Figure 4.25).
2. Dans le volet de gauche, cliquez sur Menus Signets.

   Les pages Web auxquelles vous avez attribué un signet apparaissent dans une fenêtre Cover Flow (Figure 4.26).
3. Parcourez les pages en actionnant le curseur qui se trouve dessous, ou en cliquant sur un signet, dans le volet inférieur et en appuyant ensuite sur les touches fléchées Gauche ou Haut, ou bien Droite ou Bas.
4. Cliquez sur la représentation d'une page ou double-cliquez sur son signet, dans la liste, ou appuyez sur la touche Retour.

   Safari ouvre la page choisie.

Cliquer sur Barre des signets, dans le volet de gauche, permet de gérer les signets affichés sous la barre d'adresse. Dans la barre de signets, les boutons peuvent être repositionnés en les faisant glisser.

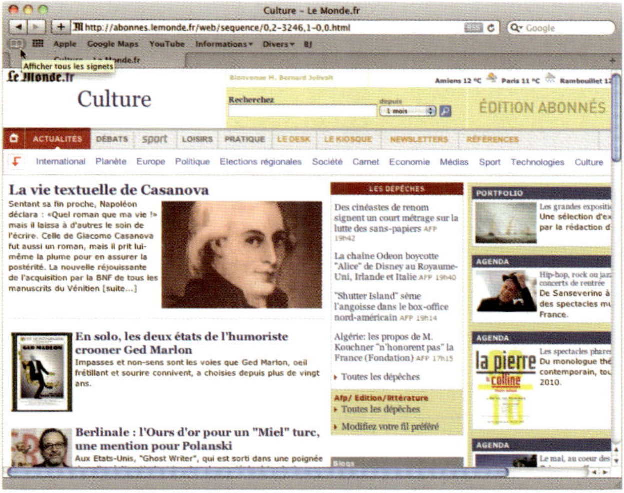

Figure 4.25 : Accédez aux signets.

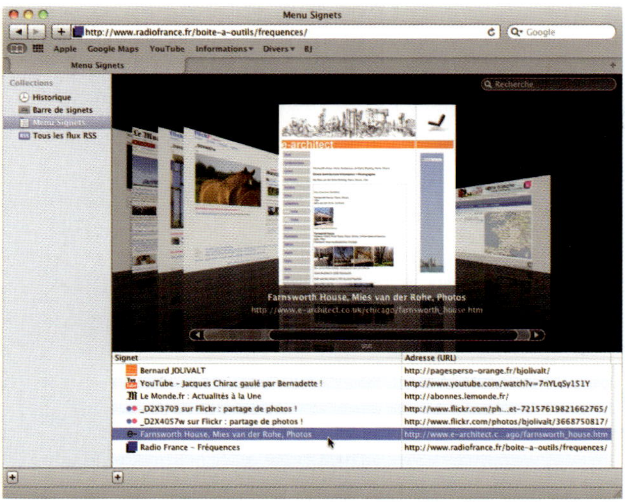

Figure 4.26 : Accédez aux pages grâce à ces signets.

Chapitre 5

Le courrier électronique

En quelques années, le courrier électronique s'est considérablement répandu, au point de supplanter le courrier postal et d'être considéré comme un moyen de communication aussi banal que le téléphone.

Par rapport à la lettre d'antan, le courrier électronique est plus rapide (l'acheminement peut être quasiment instantané) et surtout, il ne s'encombre pas des formules de politesse ampoulées qui empoisonnent l'existence de celui qui doit la rédiger, n'est pas lue par le destinataire et suscite les ricanements perplexes des étrangers. Sur le Web, des formules brèves sont de rigueur.

Par rapport au téléphone, le courrier électronique va à l'essentiel. Et s'il est envoyé à de la famille ou à des amis, il peut être agrémenté de photos de vacances prises le jour même et envoyées depuis l'autre bout du monde.

Le courrier électronique n'est pas toujours rose. Les messages indésirables, voire douteux, pullulent, mais vous apprendrez dans ces pages à vous en prémunir.

Relever le courrier électronique

1. Dans la barre d'outils de Mail, cliquez sur le bouton Relever, en haut à gauche (Figure 5.1).
2. Assurez-vous que, dans le volet de gauche de Mail, le dossier Boîte de réception est actif, puis prenez connaissance de votre courrier.

Les messages non lus sont signalés par une grosse puce bleue. Vous pouvez rétablir l'état « non lu » d'un message en cliquant dessus du bouton droit et en choisissant Signaler > Comme non lu.

Par défaut, Mail relève automatiquement le courrier dès que vous venez de le démarrer, puis toutes les demi-heures. Pour réduire la fréquence de la relève et recevoir plus rapidement le courrier, procédez comme suit :

1. Cliquez sur Mail > Préférences.
2. Sous l'onglet Général, déroulez le menu Relever le courrier (Figure 5.2) puis sélectionnez l'option Chaque minute, ou l'option Toutes les 5 minutes.
3. Cliquez sur le bouton rouge, en haut à gauche de la boîte de dialogue, pour la fermer.

Une discrète alarme sonore (ding !) prévient de l'arrivée de messages.

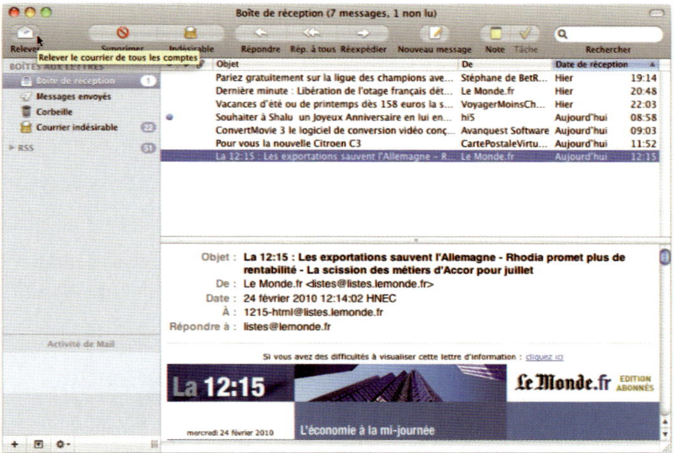

Figure 5.1 : Relevez le courrier en attente sur le serveur de votre fournisseur d'accès Internet.

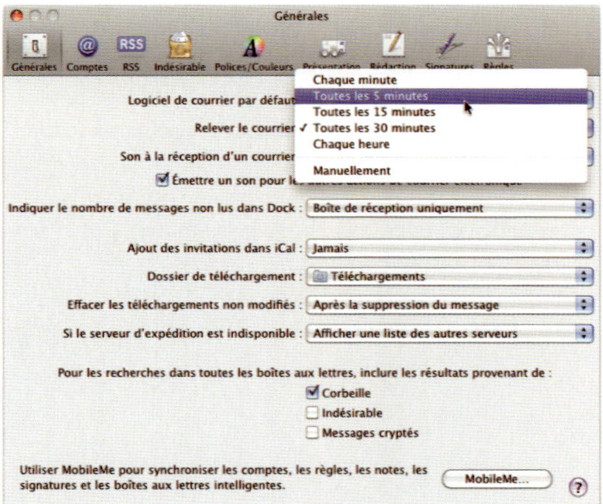

Figure 5.2 : Réglez la fréquence à laquelle Mail relève votre courrier.

Lire un message

1. Dans la Boîte de réception, cliquez sur le message pour l'afficher dans l'aperçu (Figure 5.3).

   La fenêtre d'aperçu est si confortable que la plupart des internautes y lisent directement leur courrier sans jamais l'ouvrir véritablement.

   Cliquez sur la barre qui sépare la liste du courrier reçu de l'aperçu du courrier sélectionné pour augmenter (ou réduire) la surface de l'aperçu et voir plus de son contenu.

2. Pour ouvrir véritablement le courrier dans sa propre fenêtre, double-cliquez sur le message (Figure 5.4).

   Cliquez sur le bouton vert, en haut à gauche de la fenêtre du message, pour l'ouvrir en plein écran. Cette manipulation est recommandée pour visionner des photos incorporées au texte, par exemple.

   À droite de Date, dans l'en-tête, HNEC sont les initiales de Heure Normale d'Europe Centrale (heure d'hiver) et HAEC celles de Heure Avancée d'Europe Centrale (heure d'été).

Pour supprimer un message, cliquez dessus, dans la liste, puis cliquez sur le bouton Supprimer, dans la barre d'outils.

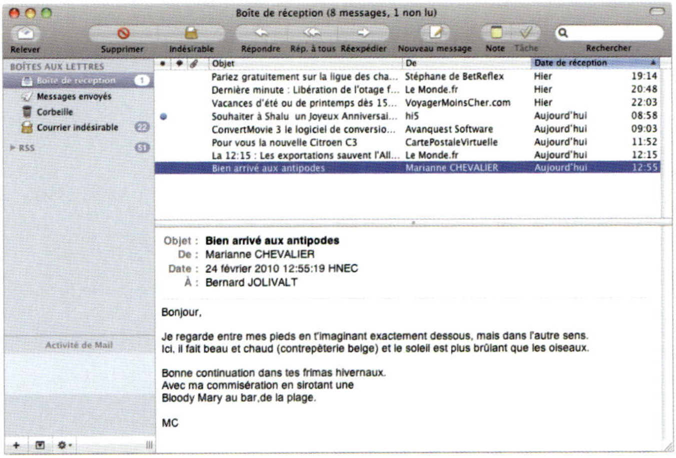

Figure 5.3 : Le message qui vient d'arriver apparaît dans l'aperçu.

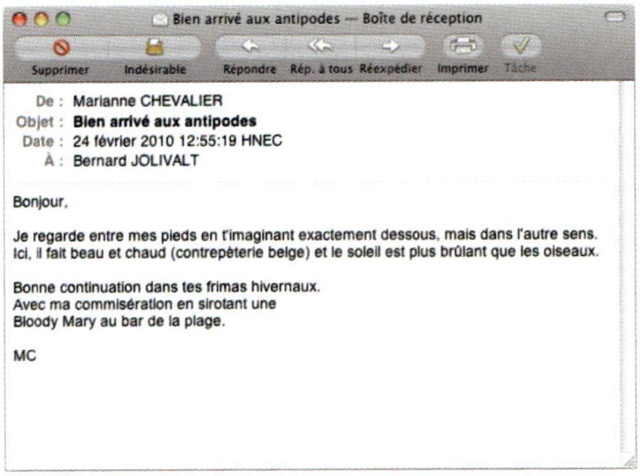

Figure 5.4 : Le message est ouvert dans sa propre fenêtre.

Rédiger un message

1. Dans le Dock, cliquez sur l'icône Mail.

   Le chiffre sur fond rouge qui orne l'icône indique le nombre de messages non lus (Figure 5.5).

2. À droite dans la barre d'outils, cliquez sur le bouton Nouveau message (Figure 5.6).

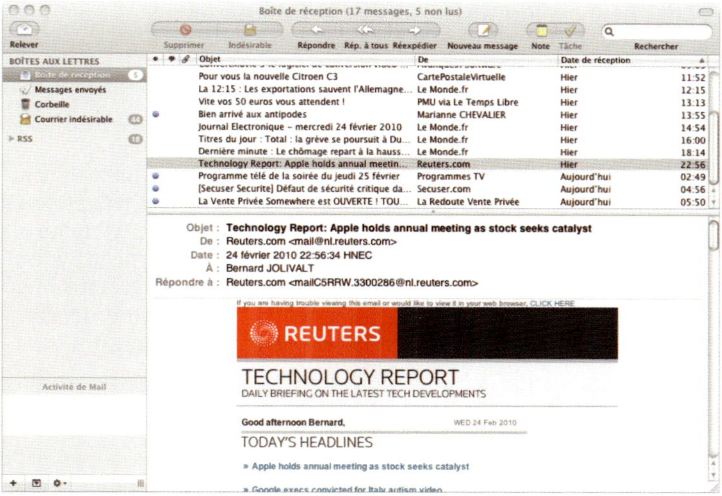

Figure 5.5 : Mail indique le nombre de messages non lus (cinq).

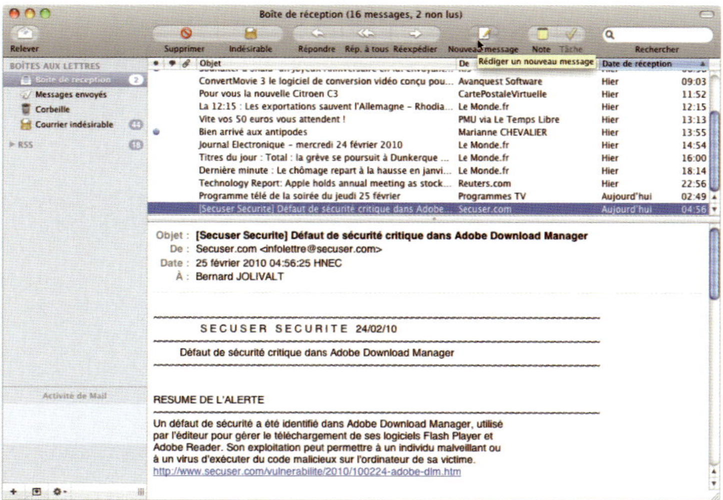

Figure 5.6 : Créez un nouveau message.

Mail ouvre une boîte de dialogue Nouveau message (Figure 5.7).

3. Cliquez dans le champ À et saisissez l'adresse Internet du destinataire.

   Si le destinataire figure dans le Carnet d'adresses, Mail le présente dans une liste dès le début de la saisie (en haut dans la Figure 5.8). Cliquez dessus pour le sélectionner. L'adresse est remplacée par le nom et le prénom placés dans un cartouche (au milieu dans la Figure 5.8). Si vous continuez à saisir le nom figurant dans le Carnet d'adresses sans le sélectionner dans la liste, Mail affiche le nom en clair suivi de l'adresse Internet (en bas dans la Figure 5.8) puis le transforme en cartouche.

   Pour envoyer un message à plusieurs destinataires, saisissez leurs adresses les unes après les autres, séparées par une virgule (voyez aussi la technique « Envoyer en copie Cc ou Cci », plus loin dans ce chapitre).

4. Cliquez dans le champ Objet et indiquez succinctement la teneur du message.

   Cette information sera affichée dans la liste du courrier reçu, chez votre destinataire. Ne négligez pas le champ Objet, car il facilite le classement du message et permet de le retrouver plus facilement.

5. Cliquez dans la vaste zone inférieure et commencez à rédiger votre message (Figure 5.9).

6. Cliquez sur le bouton Envoyer, en haut à gauche de la fenêtre du message.

Une copie de chacun des messages que vous envoyez est conservée dans le dossier Messages envoyés, dans le volet de gauche de Mail.

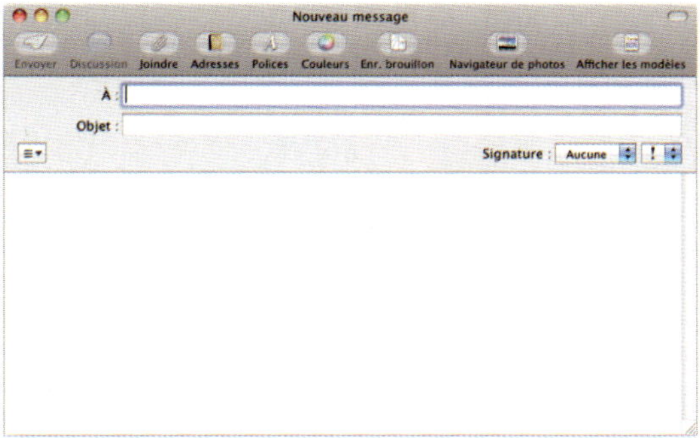

Figure 5.7 : Un nouveau message vide, prêt à l'usage.

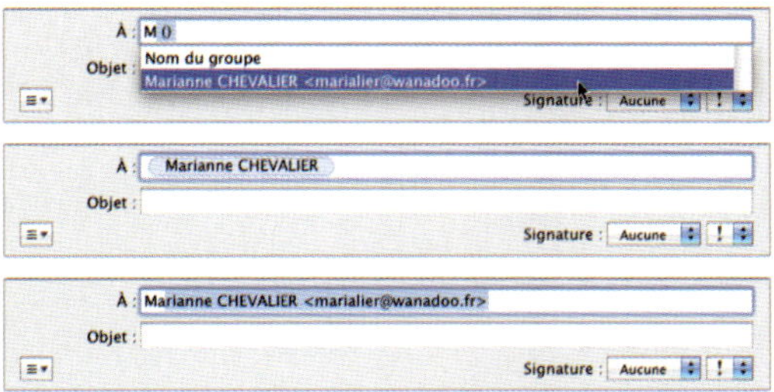

Figure 5.8 : Les saisies automatiques d'un destinataire figurant dans le Carnet d'adresses.

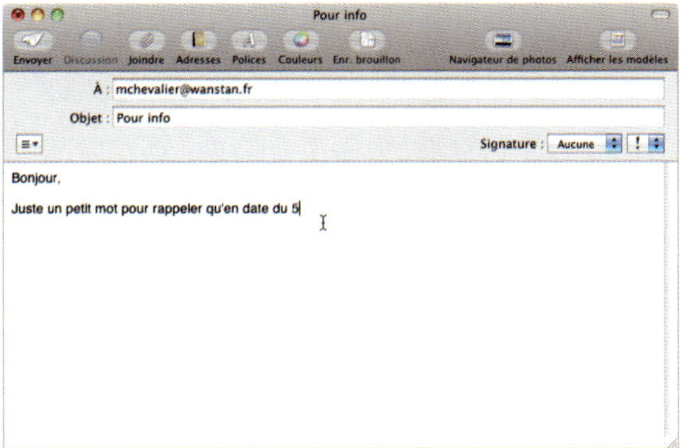

Figure 5.9 : Mentionnez le destinataire et l'objet, puis rédigez le message.

Enregistrer un brouillon

1. Commencez à rédiger un message comme expliqué à la technique précédente.

   Vous enregistrerez un brouillon si vous n'avez pas le temps de terminer le message, ou si vous attendez une information de dernière minute pour le terminer.

2. Cliquez sur le bouton Enr. brouillon, au milieu de la barre de titre.

   Un dossier Brouillons apparaît dans le volet de gauche de la messagerie. Le message que vous avez mis de côté s'y trouve.

Pour réviser le brouillon et l'envoyer :

1. Cliquez sur le dossier Brouillons (Figure 5.10).
2. Dans la fenêtre en haut à droite, double-cliquez sur l'intitulé du message pour l'ouvrir.
3. Modifiez le message (Figure 5.11).
4. Cliquez sur le bouton Envoyer, en haut à gauche.

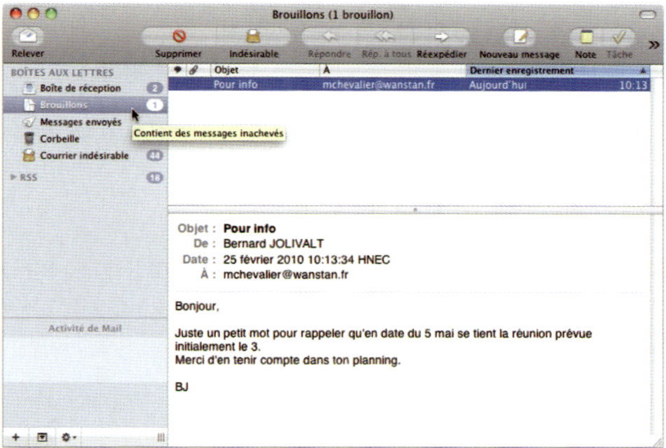

Figure 5.10 : Le dossier Brouillons n'est affiché que si un brouillon au moins a été enregistré.

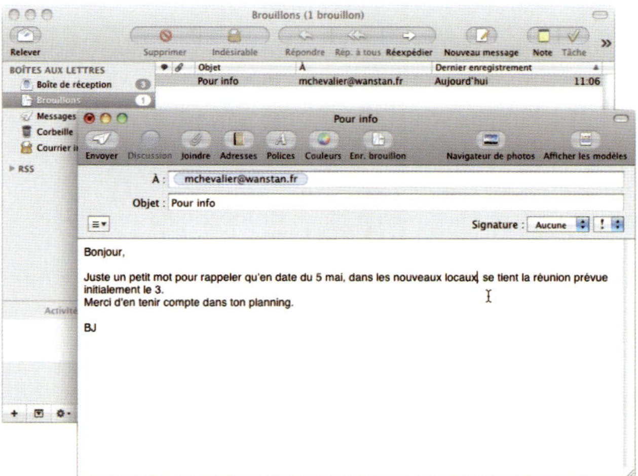

Figure 5.11 : Corrigez éventuellement le message.

Répondre à un message

1. Cliquez sur le message, dans la liste, ou ouvrez-le par un double clic.
2. Cliquez sur le bouton Répondre, au milieu dans la barre d'outils (Figure 5.12).

   Mail ouvre un nouveau message dans lequel l'objet est précédé du préfixe Re : (*response,* « répondre »). Le message d'origine est écrit en bleu.
3. Cliquez au début de la zone de texte et rédigez votre message (Figure 5.13).
4. La réponse terminée, cliquez sur le bouton Envoyer.

Une flèche incurvée, à gauche du message original dans la boîte de réception, signale que vous avez répondu (Figure 5.14).

Si le message avait été envoyé à plusieurs personnes à la fois – plusieurs adresses de destinaires figurent dans l'en-tête – et que vous désirez envoyer votre réponse à chacune de ces personnes, cliquez sur le bouton Rép. à tous, à l'Étape 2.

Pour transférer un message, cliquez sur le bouton Réexpédier, à l'Étape 2. Dans le message, indiquez le nom du destinataire. L'objet est précédé du préfixe Fwd : (*Forward,* « réexpédier »). Cliquez sur Envoyer

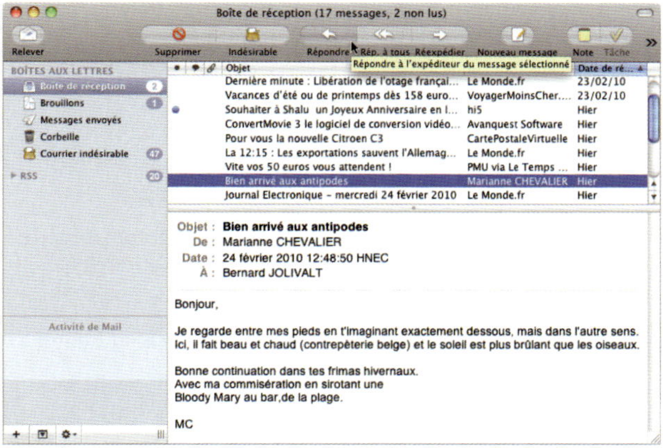

Figure 5.12 : Répondez à votre correspondant.

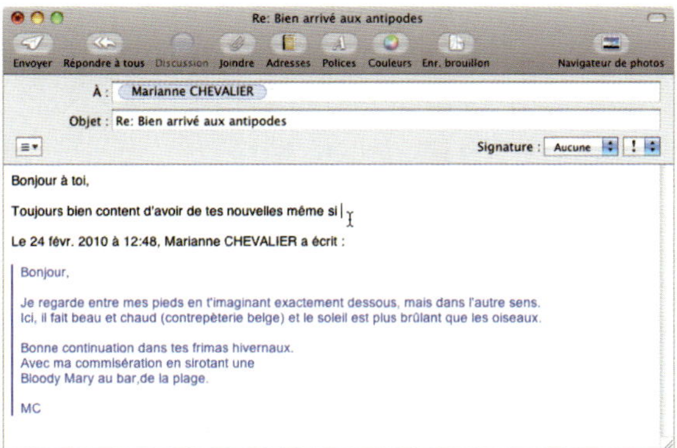

Figure 5.13 : Placez toujours votre réponse avant le message auquel vous répondez.

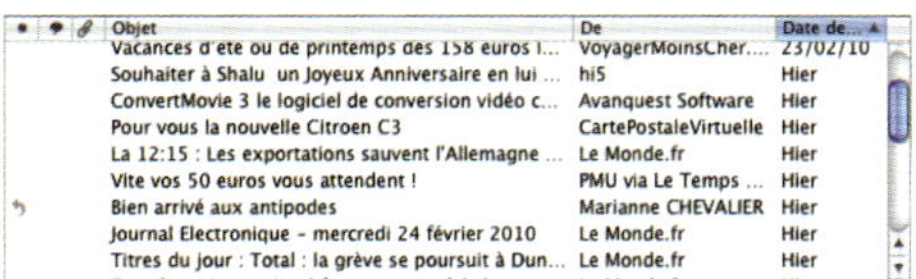

Figure 5.14 : Une réponse a été envoyée au message « Bien arrivé aux antipodes ».

Vérifier l'orthographe

1. Assurez-vous que la correction de l'orthographe est active.

   Pour cela, cliquez du bouton droit (ou Ctrl+clic) dans le message que vous rédigez et choisissez Orthographe et grammaire > Vérifier l'orthographe > Lors de la saisie.

2. Cliquez de nouveau du bouton droit dans le message et choisissez Orthographe et Grammaire > Vérifier la grammaire et l'orthographe.

   Mail souligne d'un pointillé rouge les mots mal orthographiés (Figure 5.15).

3. Cliquez du bouton droit sur un mot souligné d'un pointillé rouge puis choisissez la correction dans la liste de mots (Figure 5.16).

Le correcteur orthographique ne détectera pas d'erreur dans une phrase comme « en datte du 5 mai » ou « la maire de tous les vices » car les mots « datte » et « maire » existent dans le dictionnaire du correcteur orthographique.

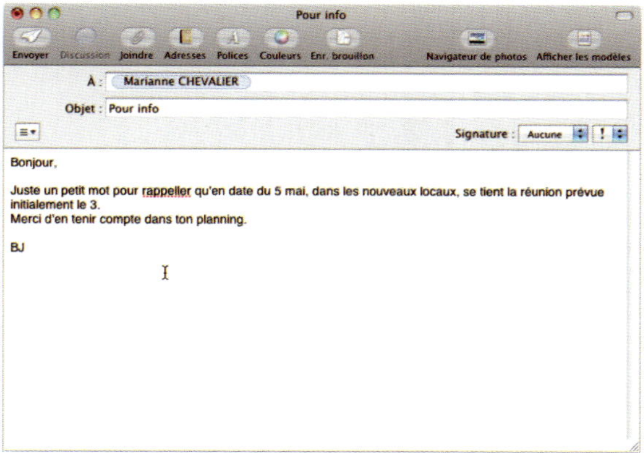

Figure 5.15 : Mail a détecté une faute d'orthographe.

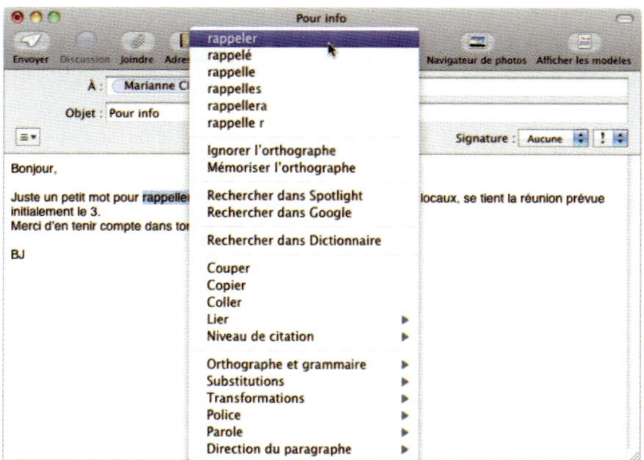

Figure 5.16 : Choisissez le mot qui corrigera le mot mal orthographié.

Envoyer une pièce jointe

1. Créez un nouveau message ou répondez à un message.
2. Cliquez sur le bouton Joindre, dans la barre d'outils.
3. Sélectionnez le fichier à joindre puis cliquez sur le bouton Choisir (Figure 5.17).

   L'icône du fichier joint apparaît dans le corps du message (Figure 5.18). Sa taille en kilo-octets ou en méga-octets est mentionnée.
4. Rédigez le message et envoyez-le.

Plusieurs pièces peuvent être jointes à un message en répétant les étapes 2 et 3.

Veillez à ce que la taille de la ou des pièces jointes ne dépasse pas la capacité autorisée par votre fournisseur d'accès Internet. En cas de dépassement, Mail affiche un message en rouge dans le coin inférieur gauche (voir Figure 5.19, plus loin).

Si vous devez absolument acheminer une pièce jointe très volumineuse, utilisez un service spécialisé gratuit comme http://dl.free.fr/ (jusqu'à 1 Go, et même 10 Go si vous disposez d'un logiciel de transfert FTP).

Figure 5.17 : Choisissez le fichier à joindre au message.

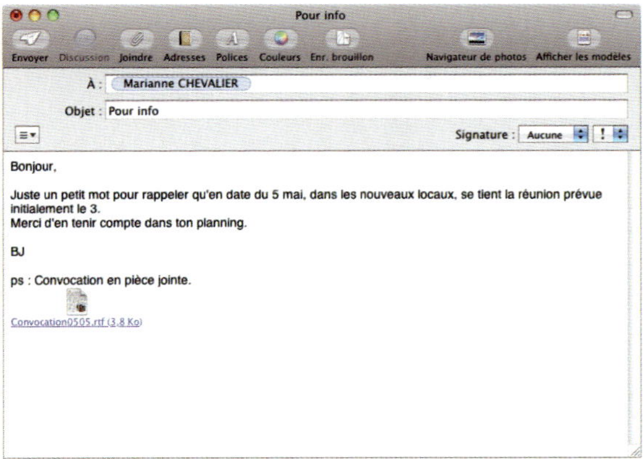

Figure 5.18 : Le fichier est joint au message.

Enregistrer une pièce jointe

1. Ouvrez Mail et consultez le courrier qui vient d'arriver.

   Plusieurs indices révèlent qu'un fichier est joint à un message :

   - Dans la fenêtre d'aperçu, un trombone signale que le message contient une ou plusieurs pièces jointes. Le chiffre à droite indique le nombre de pièces jointes (Figure 5.19).
   - Dans le message lui-même, le trombone est visible dans l'en-tête du message, de même que le nombre de pièces jointes et leur taille totale (en bas, dans la Figure 5.19).
   - Les icônes des pièces jointes se trouvent dans le corps du message.

2. Cliquez éventuellement sur le bouton Coup d'œil pour voir les pièces jointes dans un aperçu.
3. Cliquez sur le bouton Enregistrer pour enregistrer toutes les pièces jointes dans le dossier Téléchargements (il se trouve à droite, dans le Dock).

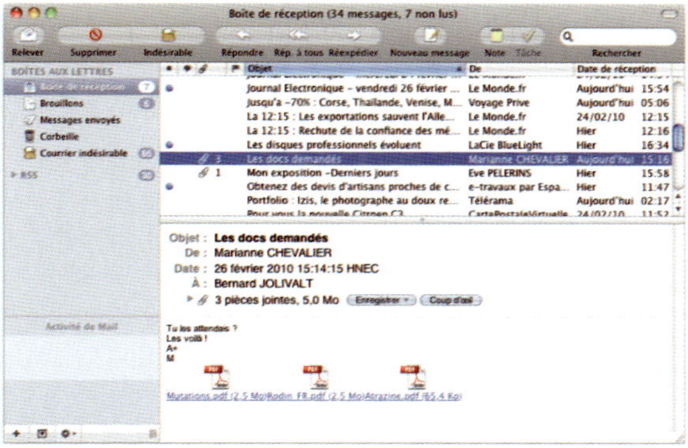

Figure 5.19 : Un trombone signale les messages comportant des pièces jointes.

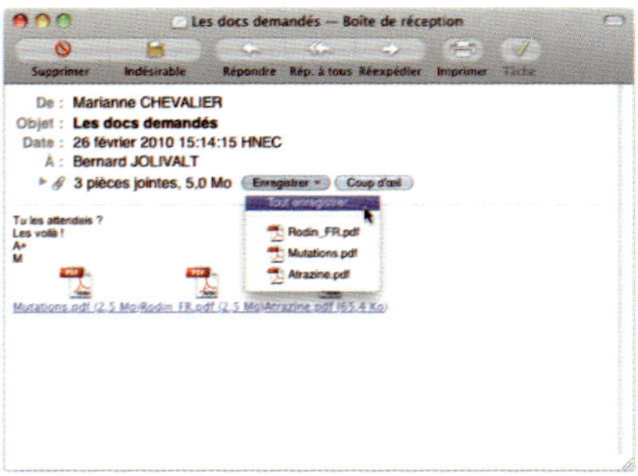

Figure 5.20 : L'enregistrement sélectif des pièces jointes.

Pour enregistrer les pièces jointes dans un dossier de votre choix, cliquez sur le petit triangle à droite du bouton Enregistrer et choisissez l'option Tout enregistrer (Figure 5.20). Sélectionnez ensuite le dossier de destination (Figure 5.21).

Pour n'enregistrer que certaines pièces jointes, cliquez sur le petit triangle à droite du bouton Enregistrer et choisissez le fichier à enregistrer. Choisissez ensuite le dossier dans lequel vous désirez enregistrer le fichier.

La technique d'enregistrement la plus simple consiste à tirer la pièce jointe du message jusque sur le Bureau, comme le montre la Figure 5.22.

Figure 5.21 : Naviguez jusqu'au dossier de votre choix.

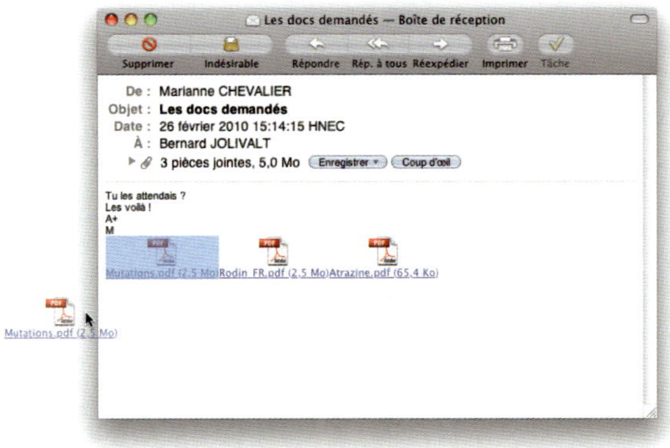

Figure 5.22 : Tirez une pièce jointe jusque sur le Bureau.

Envoyer des photos depuis le Finder

1. Dans Mail, cliquez sur le bouton Nouveau message et préparez votre message.
2. Ouvrez le dossier contenant les photos (ouvrez-le en mode Icônes, cliquez du bouton droit et choisissez Rangement > Nom, puis réglez la taille des vignettes avec le zoom).

   Juxtaposez la fenêtre du message et celle du Finder.
3. Faites glisser une photo du Finder jusque dans le message (Figure 5.23).
4. Appuyez deux fois sur la touche Retour afin de ménager un espace avec la photo suivante ou le texte.

   La photo est dans le message (Figure 5.24).

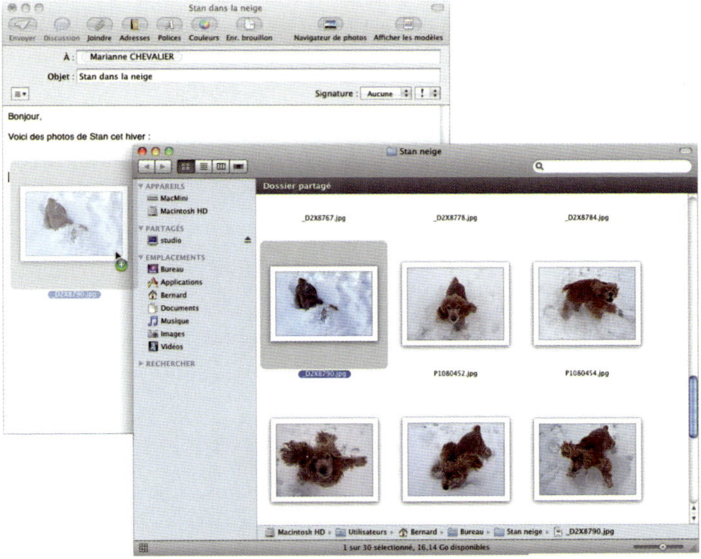

Figure 5.23 : Placez une photo dans le message.

Figure 5.24 : La photo est placée dans le message.

5. Si la photo est trop grande et n'apparaît que partiellement dans la fenêtre du message, cliquez sur le bouton Taille d'image, en bas à droite du message, et choisissez l'une des options (Figure 5.25) :

   - **Petite** : Photo de seulement 320 x 240 pixels.
   - **Moyenne** : Photo de 640 x 480 pixels. Taille idéale pour visionner les photos avec un logiciel de messagerie, mais pas pour l'impression.
   - **Grande** : Photo de 1 280 x 960 pixels autorisant des tirages de petite taille (10 x 15 cm).
   - **Taille réelle** : La photo n'est pas redimensionnée.

   Notez que chaque photo peut être redimensionnée en la sélectionnant (cliquez dedans).

6. Répétez les Étapes 3 et 4 pour ajouter d'autres photos.

La taille totale du message est indiquée en bas à gauche. Si les photos sont trop nombreuses et/ou trop volumineuses, Mail affiche la taille en rouge, suivie de la taille maximale autorisée (Figure 5.26).

7. Terminez la rédaction du message puis cliquez sur le bouton Envoyer.

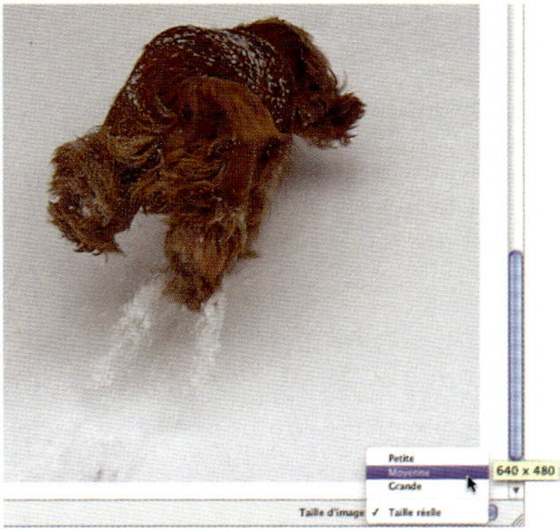

Figure 5.25 : Choisissez la taille d'affichage des photos.

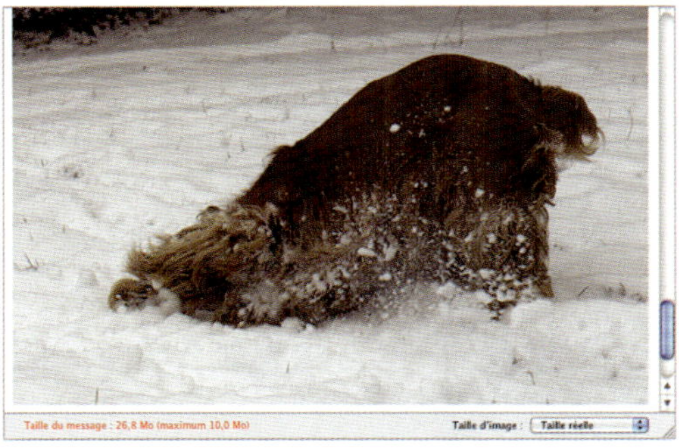

Figure 5.26 : Planté ! Le message est trop volumineux pour être acheminé.

Envoyer des photos depuis iPhoto

1. Ouvrez iPhoto.

   Il va de soi que des photos ont préalablement été importées dans la bibliothèque de cette application, comme expliqué à la technique « Importer des photos dans iPhoto », au Chapitre 8, « Photo et vidéo ».

2. Dans le volet de gauche d'iPhoto, accédez au dossier Photos, ou à des photos dans le dossier Événements, ou à un album.

3. Touche ⌘ enfoncée, cliquez sur les photos à envoyer (Figure 5.27).

4. Dans la barre de menus d'iPhoto, cliquez sur Partage > Courrier.

   La petite boîte de dialogue qui apparaît mentionne dans la barre de titre le nombre de fichiers qui seront envoyés (Figure 5.28)

5. Cochez ou décochez les options Titres (noms des fichiers), Descriptions et/ou Informations sur les lieux, selon que vous désirez qu'elles apparaissent ou non sous chaque photo, dans le courrier électronique.

6. Cliquez sur le bouton Rédiger un message.

   iPhoto traite les photos puis démarre Mail (Figure 5.29).

7. Entrez les adresses du ou des destinataires dans le champ À.

8. Remplacez la mention « *n* superbes photos », dans le champ Objet, par un texte plus personnel ou plus explicatif (par exemple, « vacances en Cerdagne »).

   Pour insérer le message avant les photos, il va falloir les décaler vers le bas.

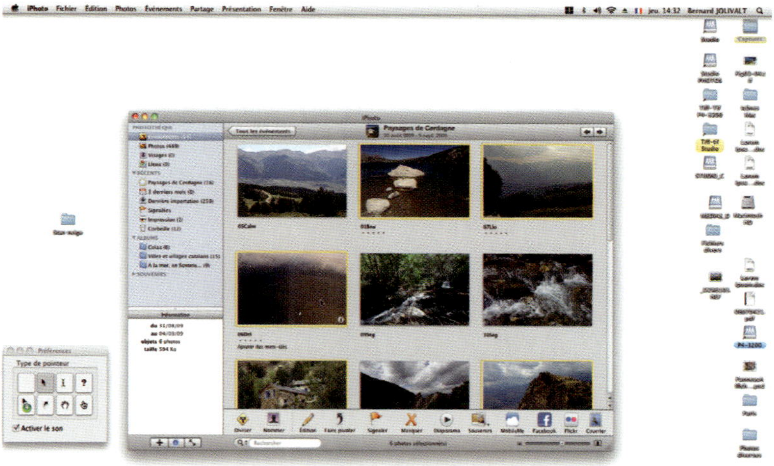

Figure 5.27 : Sélectionnez les photos à envoyer.

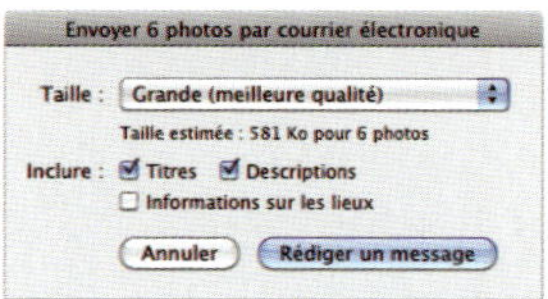

Figure 5.28 : Configurez l'envoi des photos.

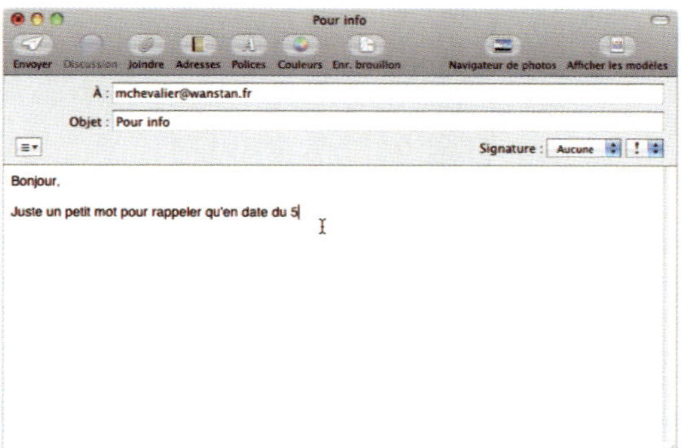

Figure 5.29 : Configurez l'envoi des photos.

9. Cliquez dans la petite marge à gauche de la première photo pour placer un point d'insertion (vous le distinguerez difficilement car il est aussi haut que le bord de l'image). Appuyez ensuite plusieurs fois sur la touche Retour afin de ménager de la place en haut (Figure 5.30).
10. Le message terminé, cliquez sur le bouton Envoyer.

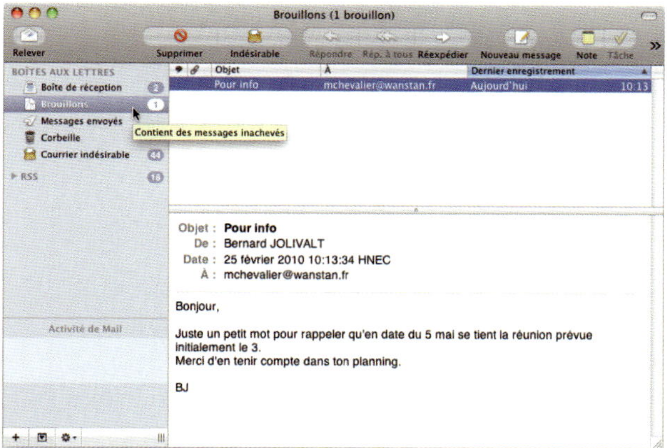

Figure 5.30 : Libérez de la place en haut pour le texte de votre message.

Utiliser le Navigateur de photos

1. Assurez-vous que la bibliothèque d'iPhoto contient des photos, car le sélecteur n'est pas utilisable avec des photos stockées directement dans le Finder.
2. Rédigez un message dans Mail.
3. Placez le point d'insertion au début d'une ligne.
4. À droite dans la barre d'outils, cliquez sur le bouton Navigateur de photos.

   Mail affiche un sélecteur lié à iPhoto (Figure 5.31).
5. Dans le volet supérieur, sélectionnez l'événement ou l'album contenant les photos à envoyer.
6. Faites glisser une photo du Navigateur de photos jusque dans le message (Figure 5.32).
7. Appuyez une ou deux fois sur la touche Retour pour ménager une marge (ou appuyez sur la touche Espace pour juxtaposer des petites photos).
8. Répétez les Étapes 5 à 7, finalisez le message puis envoyez-le.

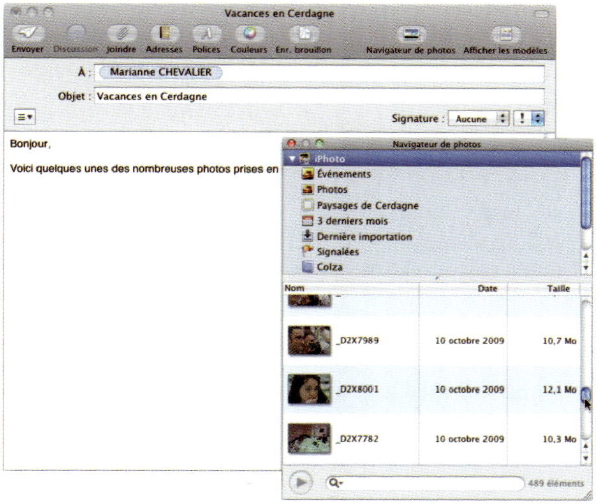

Figure 5.31 : Le Navigateur de photos est une extension d'iPhoto.

Figure 5.32 : Faites glisser une photo jusque dans le message.

Afficher les photos comme icône

1. Créez un message d'envoi de photos comme expliqué dans les deux précédentes techniques.
2. Appuyez sur les touches ⌘+A afin de tout sélectionner (peu importe que du texte le soit aussi).
3. Cliquez du bouton droit (ou Ctrl+clic) dans une photo de la sélection – pas dans du texte – et, dans le menu contextuel, choisissez Afficher comme icône (Figure 5.33).

   Les photos sont réduites à des icônes (Figure 5.34).
4. Terminez le message puis cliquez sur le bouton Envoyer.

L'affichage des icônes est commode pour envoyer de nombreuses photos qui ne sont pas censées être regardées, mais seulement transmises pour archivage, par exemple.

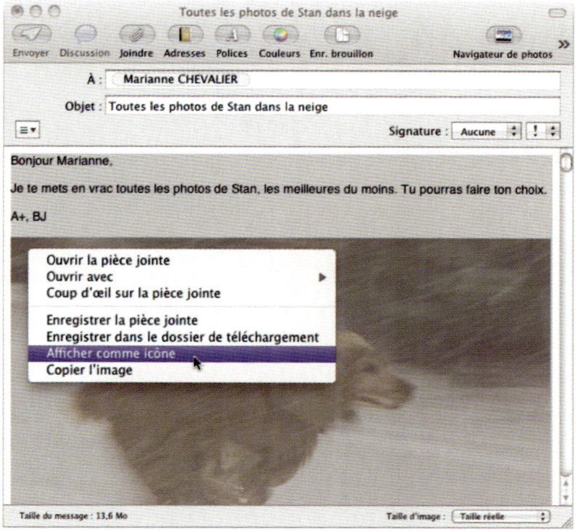

Figure 5.33 : Choisissez de ne montrer que des icônes.

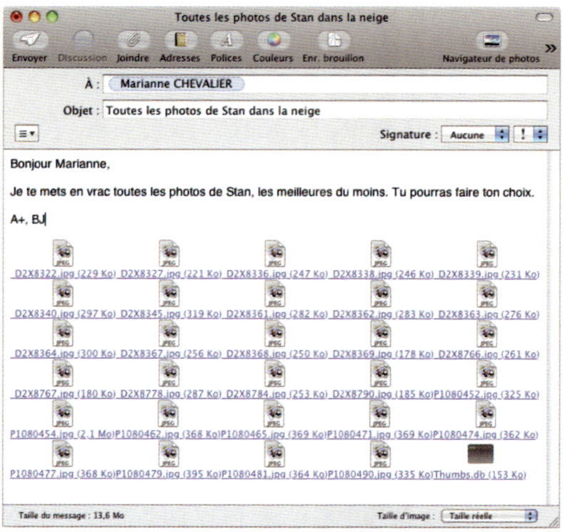

Figure 5.34 : Seules les icônes sont à présent affichées dans le message.

Mettre un message en forme

1. Rédigez un message dans Mail.
2. Sélectionnez le texte à mettre en forme.

   Cliquez au début du texte puis, bouton de la souris enfoncé, tirez par-dessus les caractères à modifier.

   Ou alors, double-cliquez sur un mot pour le sélectionner, ou triple-cliquez pour sélectionner tout un paragraphe.

3. Cliquez du bouton droit (ou Ctrl+clic) dans la sélection et, dans le menu contextuel, choisissez Police > Afficher les polices. Mail affiche un sélecteur de polices (Figure 5.35).
4. Dans le sélecteur de police, choisissez une police et réglez sa taille avec la glissière située contre le bord droit (Figure 5.36).

   La barre d'outils de Police contient, de gauche à droite, les outils suivants : soulignement, barré, couleur de la police, couleur du fond, ombrage (avec réglage de l'opacité, du flou de l'ombre, du décalage et de la direction du décalage).

   Pour voir à quoi ressemble une typographie, affichez l'Aperçu comme à la Figure 5.36. Pour ce faire, cliquez sur le bouton à roue dentée, en bas à droite du sélecteur de polices, et dans le menu, choisissez Afficher aperçu.

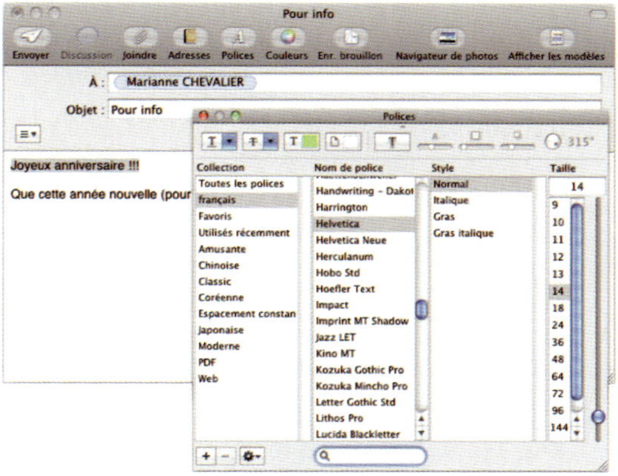

Figure 5.35 : Le sélecteur de polices de Mac OS X.

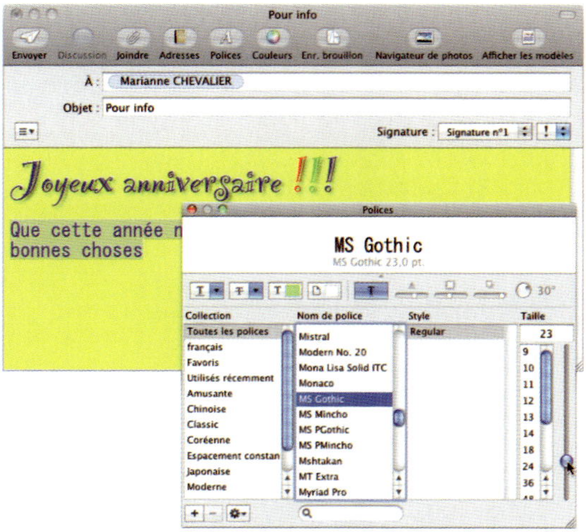

Figure 5.36 : Mail permet de procéder à de jolies mises en forme.

Pour parcourir rapidement une police et choisir la plus plaisante ou la plus appropriée, affichez l'Aperçu comme expliqué ci-dessus. Cliquez ensuite dans la liste des polices (la colonne du milieu) et parcourez-la en appuyant sur les touches fléchées Haut et Bas.

Lorsque vous choisissez une couleur dans le sélecteur de polices pour agrémenter un message, le sélecteur de couleurs de Mac OS X ouvre la palette Apple (Figure 5.37), qui compte onze couleurs. Pour en avoir davantage, cliquez sur le menu Apple et, dans le menu, choisissez Couleurs sécurisées Web (Figure 5.38). Cette palette contient 216 teintes qui seront correctement reproduites quels que soient l'ordinateur ou la messagerie dans lesquels le message sera vu et lu.

Figure 5.37 : Le sélecteur de couleurs pour la messagerie.

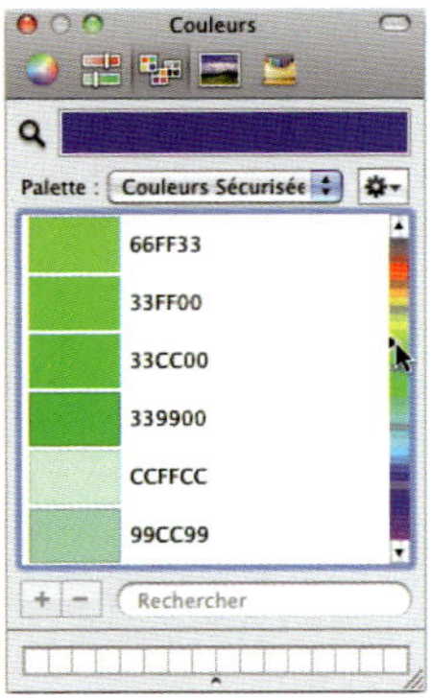

Figure 5.38 : Le sélecteur de couleurs sécurisées pour le Web.

Utiliser un modèle

1. Créez un nouveau message dans Mail.
2. À droite dans la barre d'outils, cliquez sur le bouton Afficher les modèles (s'il n'est pas visible, élargissez la fenêtre de Mail).

   Mail affiche les modèles (Figure 5.39)
3. Choisissez un thème parmi ceux proposés à gauche, dans le ruban des modèles, puis cliquez sur la vignette d'un modèle.

   Actionnez la glissière, sous le ruban, pour consulter tous les modèles.
4. Mail affiche le modèle sélectionné. Il contient des photos fictives et du texte fictif écrit dans des langues elles aussi fictives.
5. Ouvrez un emplacement de photos : dossier du Finder, album d'iPhoto, ou cliquez sur le bouton Navigateur de photos, en haut à droite dans la barre d'outils.
6. Faites glisser vos photos aux emplacements actuellement occupés par les photos fictives (Figure 5.40).

Vous pouvez à tout moment remplacer les photos par des nouvelles.

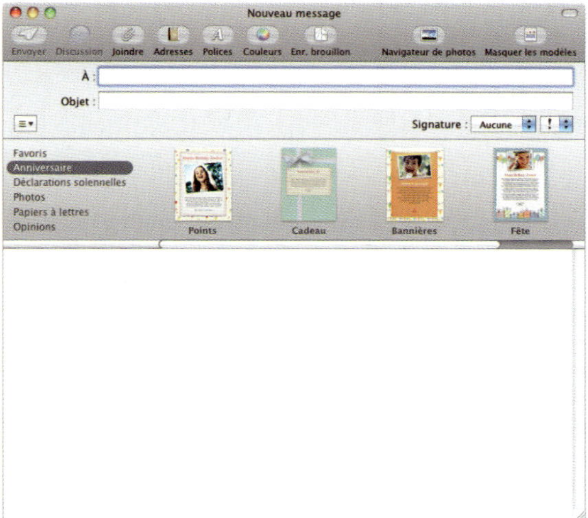

Figure 5.39 : Les modèles de la catégorie Anniversaire de Mail.

Figure 5.40 : Faites glisser vos photos jusque sur les emplacements prévus.

7. Triple-cliquez dans le titre fictif pour le sélectionner, puis saisissez un titre de votre cru. Faites ensuite de même avec le texte fictif (Figure 5.41).
8. Cliquez sur le bouton Polices et Couleurs, dans la barre de titre, pour afficher le sélecteur de polices de Mac OS X et ses nombreuses fonctionnalités, ainsi que le sélecteur de couleurs.
9. Sélectionnez les parties de texte dont vous voulez changer la police et l'aspect (taille, couleur, ombre portée…) à l'aide des sélecteurs de polices et de couleurs (Figure 5.42) décrits précédemment dans la technique « Mettre un message en forme ».

   Si la typographie de la police n'est pas affichée dans le sélecteur Police, cliquez sur le bouton à roue dentée, en bas à gauche du sélecteur, et choisissez Afficher l'aperçu.

10. N'oubliez pas de remplir le champ Objet, d'entrer les adresses de ou des destinataires, puis cliquez sur le bouton Envoyer.

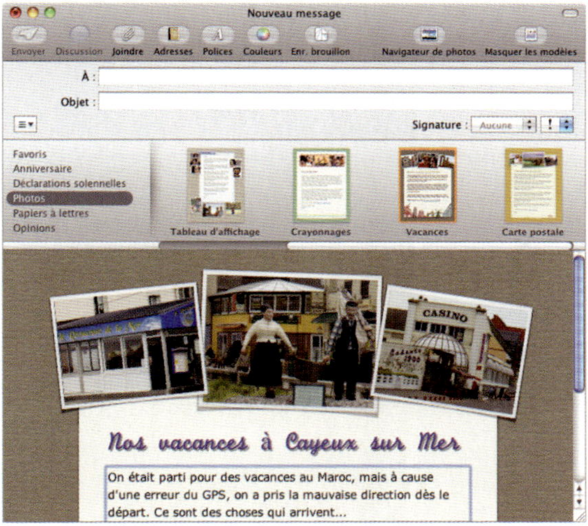

Figure 5.41 : Remplacez les textes fictifs par votre prose étincelante.

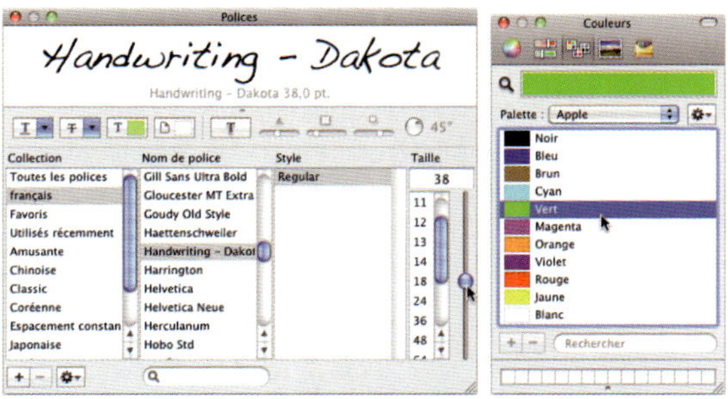

Figure 5.42 : Les sélecteurs de polices et de couleurs de Mac OS X.

Envoyer en copie Cc ou Cci

1. Créez un nouveau message.
2. Cliquez dans le champ À et saisissez l'adresse du principal destinataire.
3. Cliquez dans le champ Objet et indiquez l'objet du message.
4. Cliquez sur le bouton en bas à gauche de Objet (Figure 5.43) et, dans le menu, choisissez l'une de ces options :
   - **Champ Cc** (Copie carbone) : Le destinataire principal est celui indiqué dans le champ À. Les destinataires figurant dans le champ Cc reçoivent une copie pour information. Chaque destinataire voit les noms de tous les autres destinataires.

     Le résultat est le même que si toutes les adresses sont placées dans le champ À, sauf qu'en utilisant le champ Cc vos correspondants savent qui est le destinataire principal.
   - **Champ Cci** (Copie carbone invisible) : Les correspondants figurant dans le champ Cci ne voient que le nom inscrit dans le champ À. Ils ne voient aucun des autres noms en Cci.

   Quand vous envoyez un message en Cci, mettez votre propre nom dans le champ À. Vous évitez ainsi de faire apparaître le moindre destinataire (mais les destinataires connaissant un peu les subtilités de la messagerie Internet sauront qu'ils ont reçu un message en Cci).

5. Dans le menu, choisissez l'option Cc ou Cci puis saisissez la ou les adresses (Figure 5.44).

   Les deux champs Cc et Cci sont utilisables dans un même message.

6. Rédigez le message puis cliquez sur le bouton Envoyer.

Pour que tous les nouveaux messages affichent des champs Cc et/ou Cci, cliquez sur le bouton en bas à gauche de Objet, et dans le menu, choisissez Personnalisé. Cochez ensuite les cases de tous les éléments à faire apparaître dans la boîte de dialogue Nouveau message (Figure 5.45) puis cliquez sur OK.

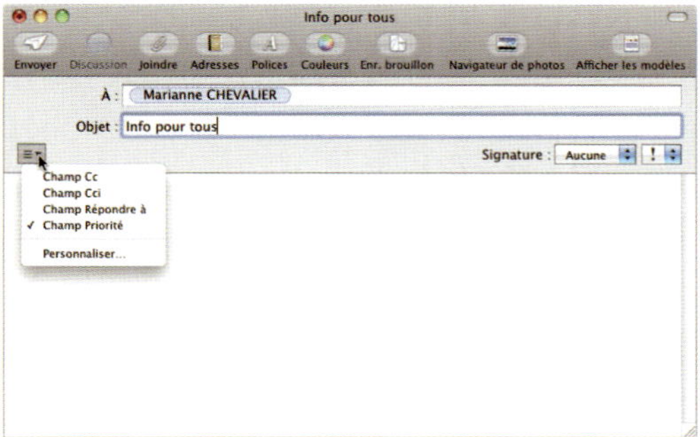

Figure 5.43 : Ajoutez un champ supplémentaire Cc ou Cci.

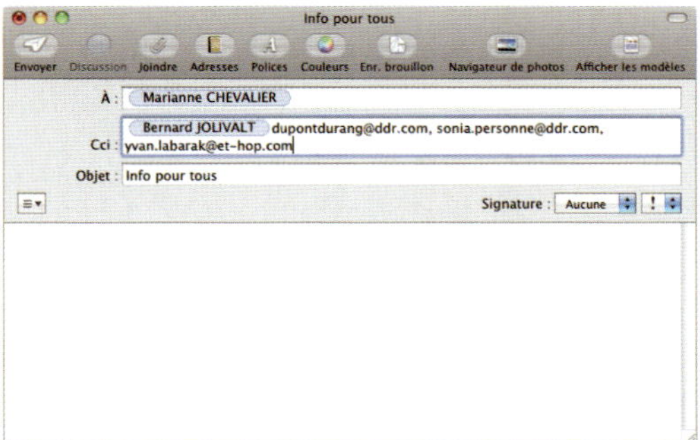

Figure 5.44 : Saisie d'adresses dans un champ Cci.

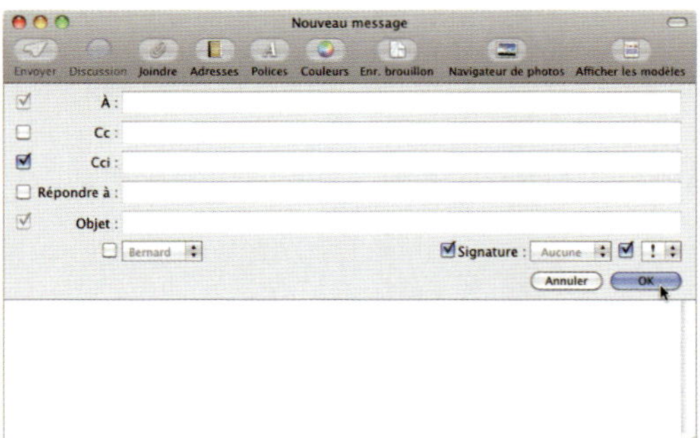

Figure 5.45 : Cochez les champs qui doivent apparaître dans tous vos prochains messages.

Créer une signature

1. Dans la barre de menus, cliquez sur Mail > Préférences.
2. Cliquez sur l'onglet Signatures.

   La boîte de dialogue de création de signatures apparaît.
3. Cliquez sur le bouton « + », sous la fenêtre du milieu.

   Mail crée une signature à partir du nom du compte d'utilisateur et de son adresse Mail (Figure 5.46).
4. Cliquez dans la fenêtre de droite et modifiez-la à votre convenance.

   Ajoutez votre adresse postale, votre numéro de téléphone, etc. (Figure 5.47). Vous pouvez même coller une photo ou une image, si vous le désirez (veillez à ce qu'elle soit de petite taille afin de ne pas être trop envahissante).

Pour modifier la police de caractère, sélectionnez le texte puis cliquez du bouton droit (ou Ctrl+clic) dans la sélection. Choisissez ensuite Police > Afficher les polices.

Si vous le désirez, vous pouvez nommer le nom Signature n° 1 et le remplacer par un autre comme « Signature privée » ou « Signature professionnelle » (si jamais vous configurez plusieurs signatures).

5. Dans la fenêtre du milieu, cliquez sur Signature n° 1 et, bouton de la souris enfoncé, faites glisser cet élément jusque sur le nom du compte auquel il doit être associé, dans la colonne de gauche (Figure 5.48).
6. Quittez la boîte de dialogue en cliquant sur le bouton en haut à gauche.

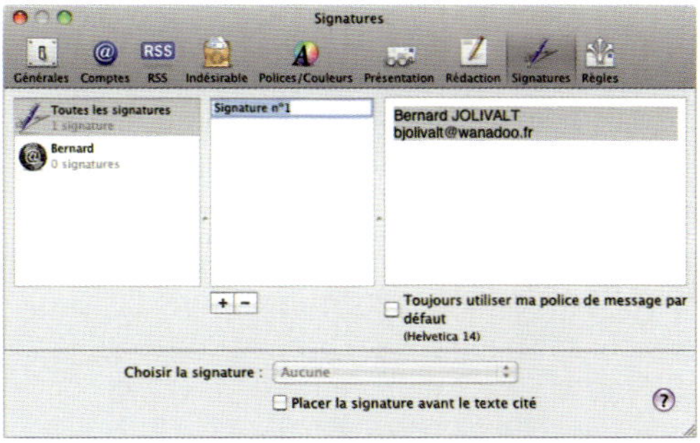

Figure 5.46 : Mail vient de créer une signature minimaliste.

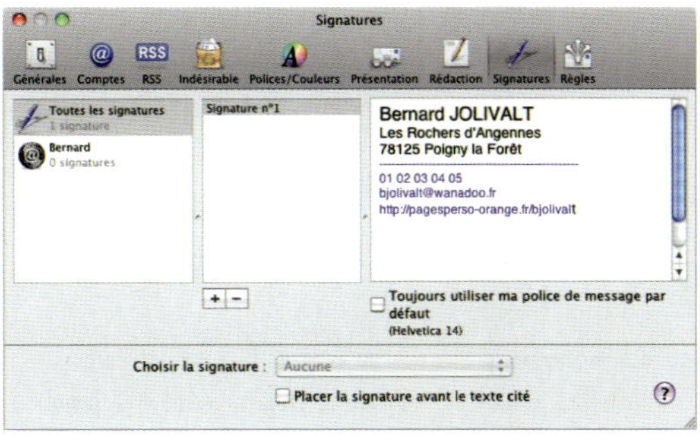

Figure 5.47 : Configurez votre adresse dans la fenêtre de droite.

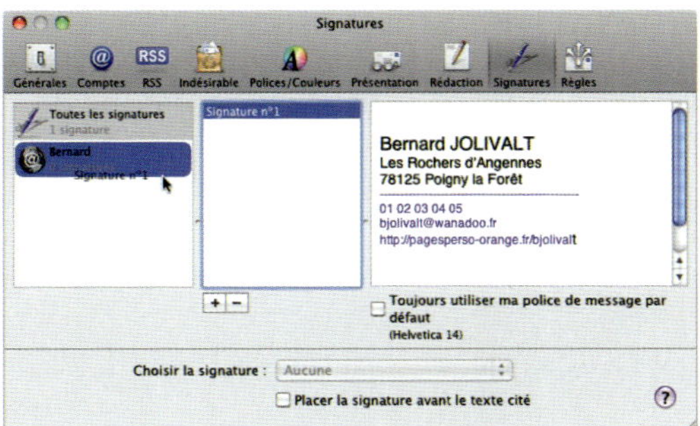

Figure 5.48 : Attribuez la signature à un compte.

Ajouter une signature à un message

1. Rédigez un message dans Mail.
2. Cliquez sur le bouton Signature et, dans le menu, choisissez la signature à utiliser (Figure 5.49).

   La signature est ajoutée à la fin du texte, comme le montre la Figure 5.50 (même si le pointeur de la souris se trouve dans un paragraphe du message).

La signature est modifiable comme n'importe quelle autre partie du texte du message.

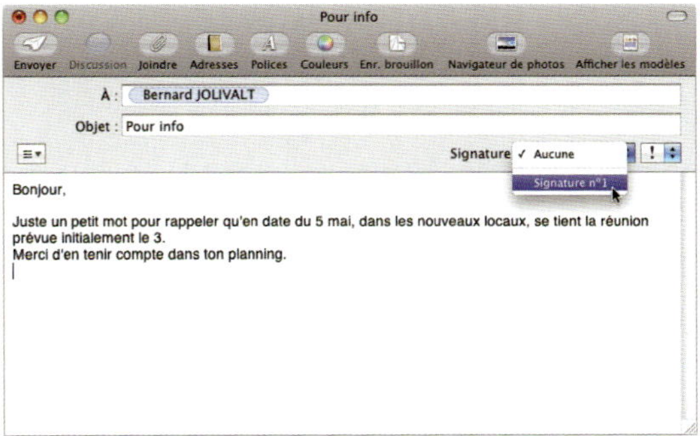

Figure 5.49 : Sélectionnez la signature.

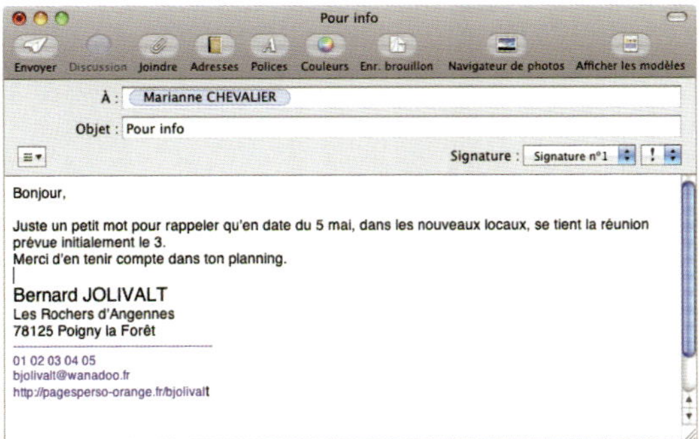

Figure 5.50 : La signature a été ajoutée à la fin du message.

Envoyer un courrier à un groupe de destinataires

1. Dans le Dock, cliquez sur l'icône Carnet d'adresses.

   Le Carnet d'adresses et Mail sont liés à bien des égards.

2. Dans la barre de menus du Carnet d'adresses, choisissez Fichier > Nouveau groupe.

   Un nouveau groupe est créé (Figure 5.51).

3. Saisissez le nom du groupe.

   Par exemple, si vous voulez créer un groupe pour envoyer une lettre d'information à tous les membres d'une association, un club photo par exemple, tapez Club photo puis cliquez hors du champ.

4. Dans le volet de gauche du Carnet d'adresses, cliquez sur Tous les contacts.

5. Faites glisser les noms des membres du club photo jusque sur le groupe Club photo (Figure 5.52). Notez que :

   - Les contacts rejoignant un groupe ne disparaissent pas de la colonne Nom.
   - Un contact peut appartenir à plusieurs groupes.

   Cliquez éventuellement sur le groupe pour vérifier si tous les membres s'y trouvent.

   Pour supprimer un membre du groupe, cliquez dessus, puis cliquez sur la barre de menus et choisissez Edition > Supprimer une fiche.

6. Fermez le carnet d'adresses.

Nous passons à présent à la seconde phase de la manipulation :

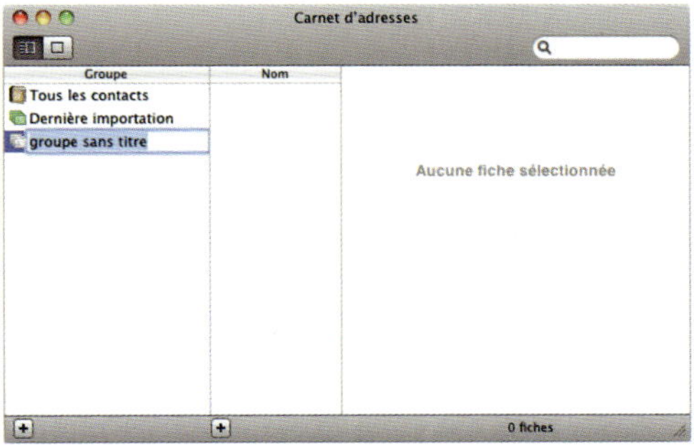

Figure 5.51 : Créez un nouveau groupe de destinataires.

Figure 5.52 : Faites glisser les contacts jusque sur le groupe de destination.

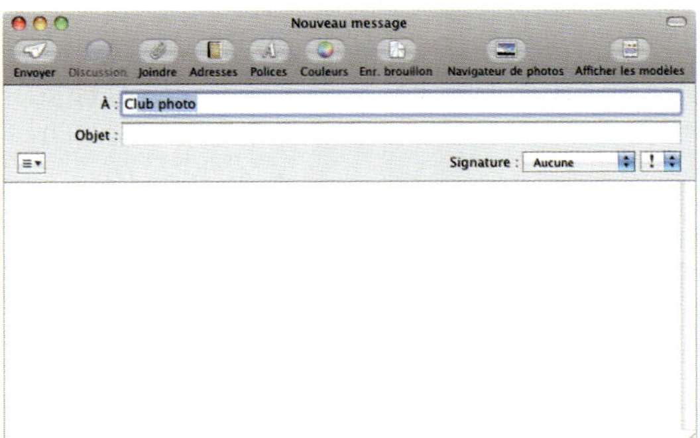

Figure 5.53 : Un groupe est le destinataire de l'envoi.

1. Dans le Dock, cliquez sur l'icône Mail.
2. Dans la barre d'outils de Mail, cliquez sur Nouveau message.
3. Commencez à saisir le nom du groupe : Club photo, dans notre exemple.

   Le nom du groupe apparaît dans le champ À (Figure 5.53).
4. Cliquez dans le champ Objet afin de le remplir. Mail affiche aussitôt tous les membres du groupe dans le champ À (Figure 5.54).
5. Si un membre du groupe ne doit pas recevoir le message, cliquez sur la petite flèche à droite de son nom et, dans le menu, choisissez Supprimer l'adresse (Figure 5.55).
6. Rédigez votre message puis cliquez sur le bouton Envoyer.

   Tous les membres du groupe le recevront.

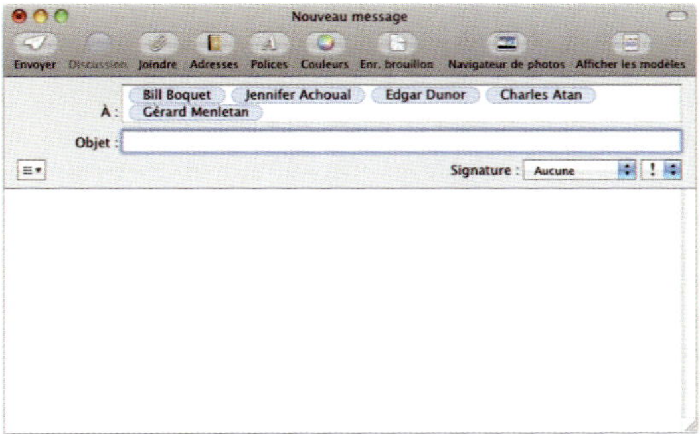

Figure 5.54 : Tous les membres du groupe apparaissent dans le champ des destinataires.

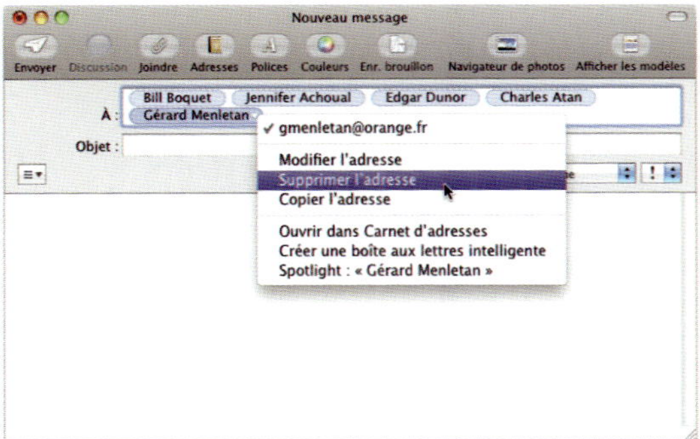

Figure 5.55 : Supprimer un destinataire.

Trier une boîte aux lettres

1. Dans un des dossiers de Mail, cliquez du bouton droit (ou Ctrl+clic) sur un en-tête (Figure 5.56). Dix types de colonnes sont disponibles. Celles présentement affichées sont cochées. Voici leur usage :

   - **Pièces jointes** : Affiche un trombone et le nombre de pièces jointes lorsqu'un message en possède.
   - **Disponibilité des contacts** : La colonne marquée d'un petit phylactère noir indique si l'expéditeur est actuellement joignable par la messagerie instantanée iChat.
   - **Date de réception** : Date et heure auxquelles le message a été reçu par le Mac.
   - **Date d'envoi** : Date et heure de l'envoi de vos messages.
   - **Drapeaux** : Contient un petit drapeau rouge après avoir cliqué du bouton droit (ou Ctrl+clic) sur un message et choisi, dans le menu contextuel, l'option Signaler d'un drapeau, comme à la Figure 5.57. Un drapeau sert à attirer l'attention sur un message. Pour supprimer un drapeau, faites de même mais choisissez Signaler > Sans drapeau.
   - **BAL** : Indique pour chaque message le nom du dossier courant suivi du nom de la boîte aux lettres (plus précisément, le nom du propriétaire de la boîte aux lettres).
   - **Numéro** : Numérote chaque message selon l'ordre de réception.
   - **Taille** : Indique la taille des messages, y compris leurs pièces jointes.
   - **Destinataire** : Affiche une colonne À contenant les adresses des destinataires de vos messages.

Figure 5.56 : Sélectionnez un en-tête.

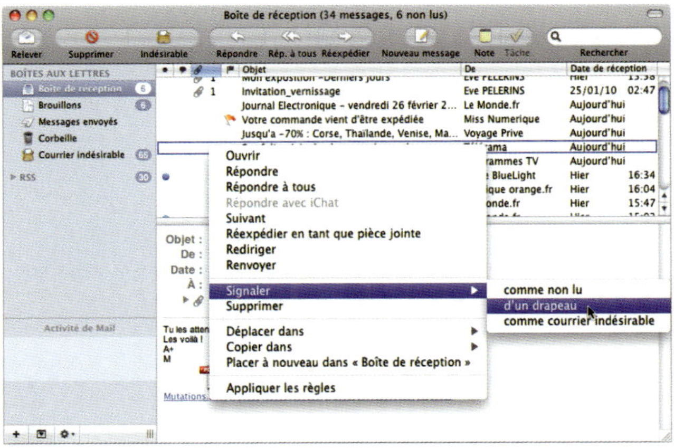

Figure 5.57 : Un message marqué d'un drapeau et la commande de marquage.

2. Triez le contenu d'une colonne en cliquant dans son en-tête.

   Par exemple, pour réunir en haut ou en bas de la liste tous les messages marqués d'un drapeau – parce qu'ils sont importants –, cliquez une ou deux fois dans l'en-tête drapeau. De même, pour lister chronologiquement les messages, cliquez dans l'en-tête Date de réception ou Date d'envoi.

L'ordre des colonnes peut être changé en les tirant horizontalement (Figure 5.58) par leur en-tête.

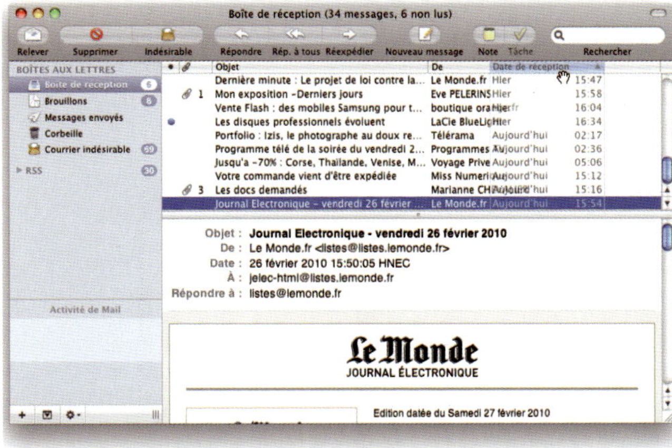

Figure 5.58 : Permutez les colonnes en les tirant par leur en-tête (ici, la colonne Boîte de réception est tirée vers la gauche).

Signaler un courrier comme indésirable

1. Cliquez sur le courrier non sollicité puis, dans la barre d'outils de Mail, cliquez sur le bouton Indésirable (Figure 5.59).

   Mail place aussitôt le message dans le dossier Courrier indésirable. Il mémorise le nom de l'expéditeur ainsi que quelques mots-clés afin que tous les messages de même provenance ou apparentés soient envoyés directement dans le dossier Courrier indésirable.

2. Cliquez sur le dossier Courrier indésirable pour vérifier si Mail n'a pas dérouté des courriers attendus vers ces oubliettes (Figure 5.60).

   Remarquez l'absence d'image. Quand les images sont téléchargées, les personnages qui inondent le Web de « pourriels » savent que votre adresse est valide – il y a quelqu'un au bout de la ligne –, ce qui valorise son prix de vente auprès d'autres personnes du même acabit, et augmentera considérablement le volume de courrier indésirable que vous recevrez.

3. Si vous estimez que le site ne présente pas de risques – parce que c'est un site d'une marque connue – cliquez sur le bouton Charger les images, en haut à gauche de l'aperçu du message. Mail télécharge les images (Figure 5.61). Remarquez la mention « Courrier indésirable » néanmoins marquée après le nom du message, dans la barre de titre.

4. S'il s'avère que le message et tous ceux que l'expéditeur pourrait vous envoyer ne sont pas des courriers indésirables, cliquez sur le bouton Désirable, en haut à droite du message.

   Le message cesse d'être affiché en ocre (la marque d'infamie des spams). Faites-le glisser jusque sur le dossier Boîte de réception, si vous le désirez.

Figure 5.59 : Signalez le courrier sélectionné comme indésirable.

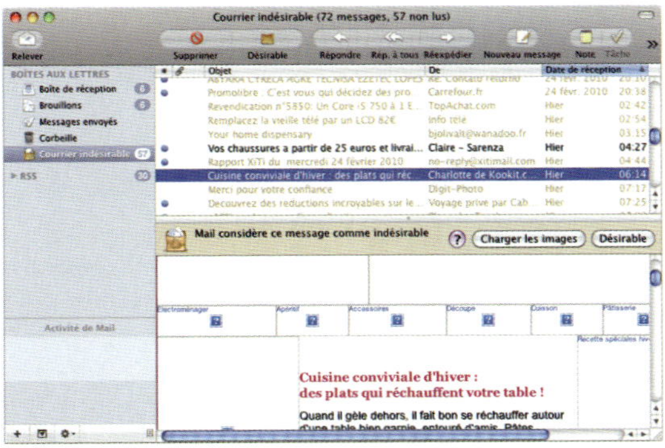

Figure 5.60 : Le dossier Courrier indésirable contient les messages non sollicités.

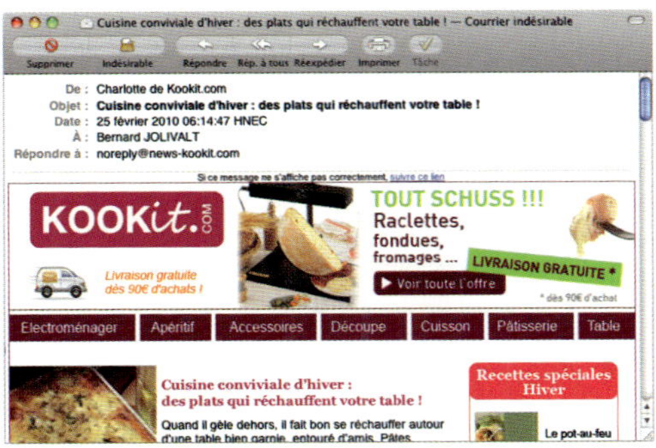

Figure 5.61 : Les images du message ont été téléchargées et le courrier ouvert.

Créer une boîte aux lettres supplémentaire

1. Dans le menu de Mail, cliquez sur BAL > Nouvelle boîte aux lettres.
2. Dans le champ Nom du panneau qui se déploie (Figure 5.62), nommez la nouvelle boîte aux lettres.
3. Cliquez sur OK.

   La nouvelle boîte aux lettres apparaît dans le volet de dossiers de Mail, dans la rubrique Sur mon Mac.

Vous ferez glisser dans cette nouvelle boîte aux lettres le courrier que vous désirez classer. Par exemple, si elle s'appelle « Professionnel » (Figure 5.63), vous y placerez tout le courrier à caractère professionnel que vous recevez (voire celui que vous envoyez).

Une solution beaucoup plus efficace consiste à créer une boîte aux lettres intelligente (comme à la prochaine technique).

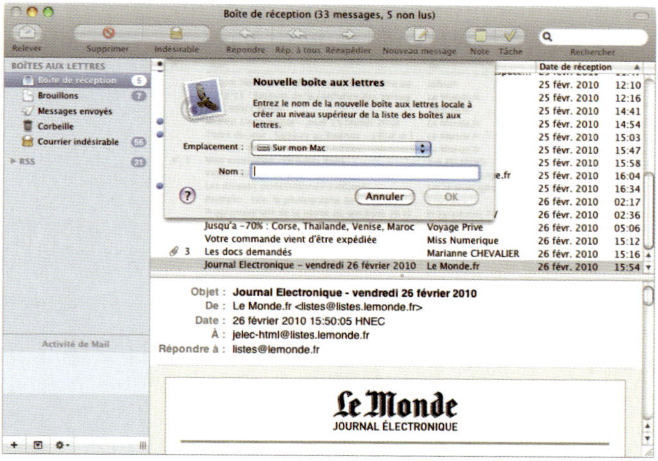

Figure 5.62 : Créez une ou plusieurs boîtes aux lettres réservées à tel ou tel type de courrier.

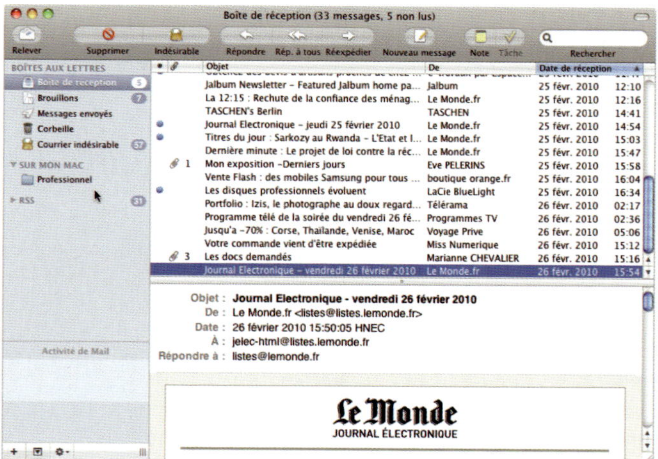

Figure 5.63 : La nouvelle boîte aux lettres Professionnel vient d'être créée.

Créer une boîte aux lettres intelligente

1. Dans le menu de Mail, cliquez sur BAL > Nouvelle boîte aux lettres intelligente.

   Mail déploie un panneau permettant de configurer des critères de sélection (Figure 5.64).

2. Dans le champ Nom de la Boîte aux lettres intelligente, saisissez le nom sous lequel elle apparaîtra dans le volet des dossiers de Mail.

   Dans l'exemple, nous configurons Mail afin que tous les courriers provenant de Marianne Chevalier soient déroutés vers cette boîte aux lettres intelligente. C'est pourquoi nous la nommons Marianne Chevalier

3. Cliquez sur le menu de gauche, à la seconde ligne, et dans la liste, choisissez De.

4. Dans le menu au milieu de la ligne, choisissez Contient.

5. Dans le champ à droite des menus, saisissez le nom d'un correspondant.

6. (Facultatif) Si vous voulez que les messages placés dans la Corbeille de Mail – pas dans celle du Mac – soient aussi pris en compte, cochez l'option Inclure les messages situés dans la Corbeille.

7. (Facultatif) Cochez la case Inclure les messages envoyés, si vous voulez que la boîte aux lettres intelligente contienne à la fois les messages reçus et ceux que vous envoyez.

8. Cliquez sur le bouton OK (Figure 5.65).

   Mail crée une nouvelle boîte aux lettres dans le volet des dossiers, dans la rubrique Boîtes aux lettes intelligentes. Il y transfère aussitôt tous les courriers répondant aux critères définis dans le panneau (Figure 5.66).

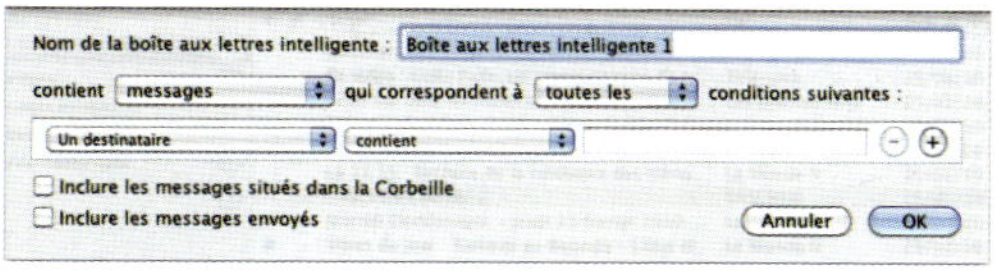

Figure 5.64 : Créez une ou plusieurs boîtes aux lettres recevant des courriers spécifiques.

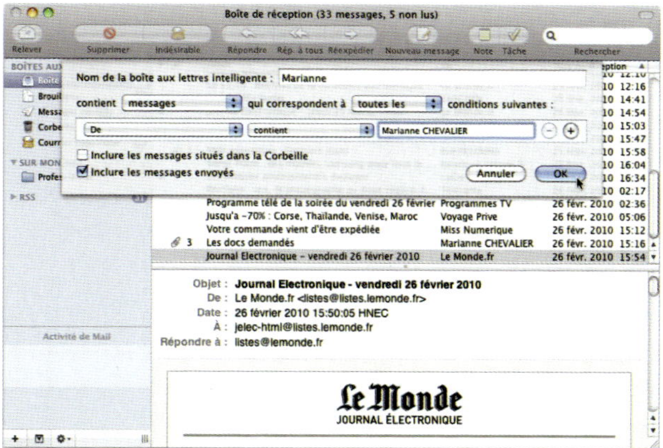

Figure 5.65 : Les critères d'identification du courrier entrant et sortant sont définis.

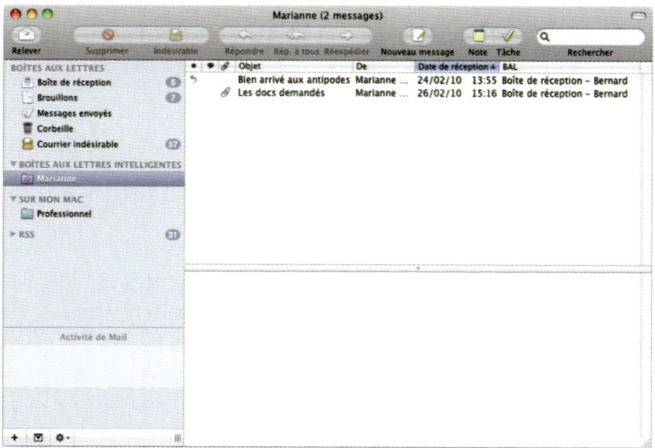

Figure 5.66 : Les courriers répondant aux critères définis ont été déplacés dans la boîte aux lettres intelligente.

9. Dans le volet des dossiers de Mail, cliquez sur la boîte aux lettres intelligente pour prendre connaissance du courrier qui s'y trouve.

L'intérêt des boîtes aux lettres intelligentes est que, désormais, tout le courrier qui parviendra dans Mail, et qui répondra aux critères spécifiés, sera automatiquement dérouté vers une boîte aux lettres spécifique. Ceci élimine totalement le risque de ne pas voir un message important.

Cliquer sur le bouton « + », à droite dans le panneau, permet de définir des critères supplémentaires afin d'affiner l'identification des messages. Pour ajouter des critères à une boîte aux lettres intelligente, sélectionnez-la dans le volet des dossiers puis, dans le menu, choisissez BAL > Modifier la boîte aux lettres intelligentes. Par exemple, à la Figure 5.67, seuls les courriers de Marianne Chevalier contenant une ou plusieurs pièces jointes seront déroutés vers la boîte aux lettres intelligente. Les autres courriers de Marianne Chevalier resteront dans la Boîte de réception.

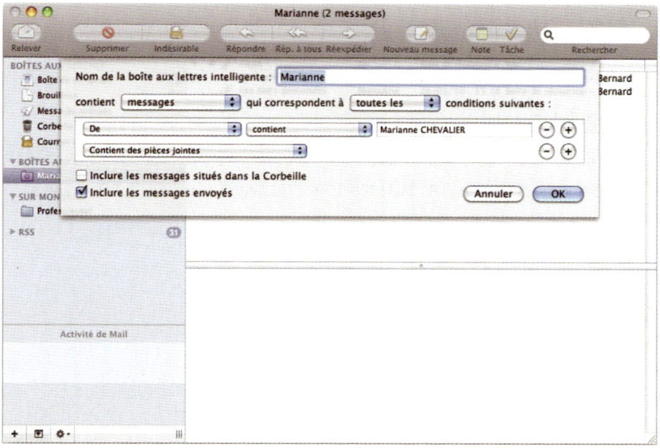

Figure 5.67 : Vous pouvez ajouter des critères à une boîte aux lettres intelligente. Celle-ci en contient deux.

Filtrer le courrier

1. Dans la barre de menus, cliquez sur Mail > Préférences.
2. Cliquez sur l'onglet Règles (Figure 5.68).
3. Dans la boîte de dialogue Règles, cliquez sur le bouton Ajouter une règle.
4. Dans le champ Description panneau qui apparaît, nommez la règle.

   Nous allons créer une règle qui surlignera en vert tous les messages provenant de Marianne Chevalier. Nous la nommerons donc Marianne en vert.
5. Conservez l'option Si l'une des conditions suivantes est remplie (l'autre option oblige le message entrant à répondre à l'ensemble des conditions) et, à la ligne suivante, cliquez sur le menu de gauche et choisissez De.
6. Dans le menu au milieu, choisissez Contient.
7. Sous la mention Effectuer les opérations suivantes, cliquez sur le menu de gauche et choisissez Définir la couleur.
8. Dans le menu du milieu, conservez l'option D'arrière-plan. Par défaut, la couleur d'arrière-plan est du blanc.
9. Cliquez sur le menu Autres et, dans le menu, choisissez Vert.
10. La règle est terminée (Figure 5.69). Cliquez sur OK.

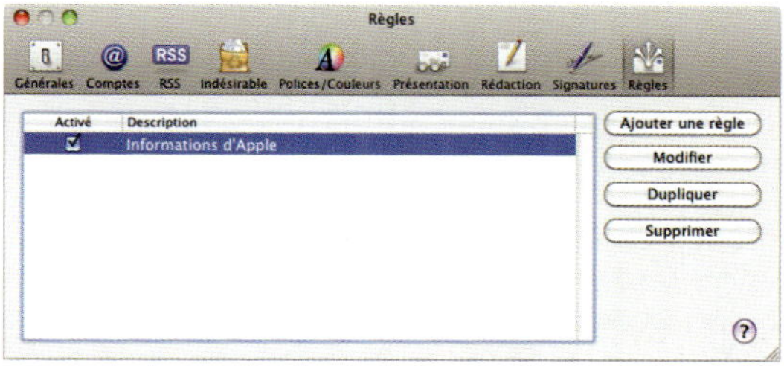

Figure 5.68 : Définissez ici des règles de filtrage.

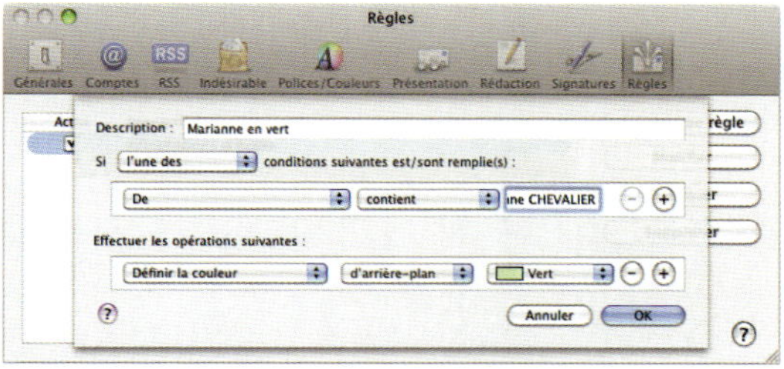

Figure 5.69 : Tous les messages filtrés par cette règle apparaîtront dans un cartouche vert. La règle est opérationnelle.

11. Mail demande si vous souhaitez appliquer les règles aux messages situés dans les boîtes aux lettres sélectionnées. Cliquez sur Appliquer (autrement, en cliquant sur Ne pas appliquer, seuls les futurs messages seront filtrés).
12. La règle apparaît dans les préférences de Mail (Figure 5.70).
13. Fermez les préférences de Mail et vérifiez l'application de la règle dans la boîte de réception (Figure 5.71).

Figure 5.70 : La nouvelle règle a été ajoutée.

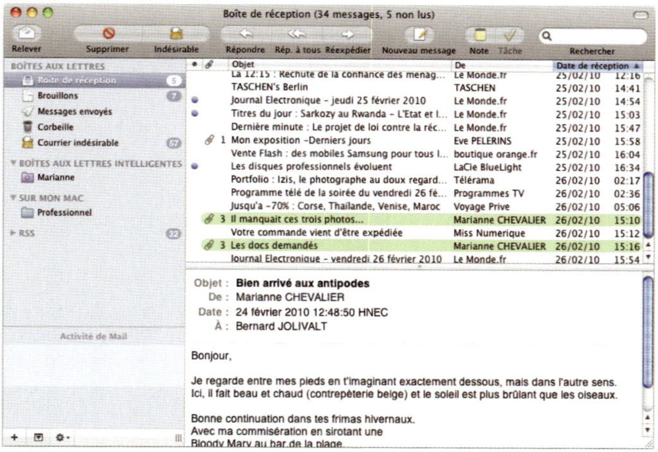

Figure 5.71 : Les messages provenant de Marianne Chevalier apparaissent en vert dans la boîte de réception.

Laisser les messages sur le serveur

1. Dans la barre de menus, cliquez sur Mail > Préférences.
2. Cliquez sur l'onglet Comptes.
3. Dans le panneau Comptes, cliquez sur l'onglet Avancés.
4. Décochez la case Après récupération, supprimer la copie du serveur (Figure 5.72).

Cette technique est commode lorsque vous possédez un ordinateur de bureau et que vous vous déplacez avec votre Mac portable. En laissant les messages sur le serveur, vous pouvez en prendre connaissance en voyage et y répondre. De retour chez vous ou au bureau, démarrez la messagerie, qui téléchargera de nouveau tous les messages, vous permettant de les archiver avec vos autres courriers.

Vous pourrez ensuite effacer tous les messages de votre Mac portable, si vous l'estimez utile.

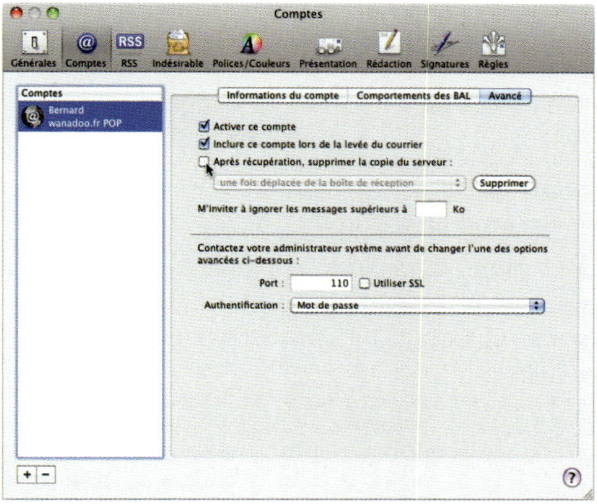

Figure 5.72 : Les messages resteront sur le serveur de votre fournisseur d'accès Internet.

Ajouter un nouveau compte

1. Dans la barre de menus, cliquez sur Mail > Préférences.
2. Cliquez sur l'onglet Comptes.
3. En bas de la fenêtre de gauche, cliquez sur le bouton « + » (le bouton « - » sert à supprimer un compte).
4. Dans le panneau qui vient d'apparaître, saisissez le prénom et le nom du titulaire du nouveau compte (Figure 5.73).
5. Dans le champ Adresse électronique, entrez l'adresse de messagerie du nouveau compte.
6. Dans le champ Mot de passe, saisissez le mot de passe communiqué par le fournisseur d'accès Internet.

Ne confondez pas le mot de passe de messagerie (qui sert pour le courrier électronique) avec le mot de passe de connexion (qui sert à connecter l'ordinateur à l'Internet). Respectez scrupuleusement les majuscules et les minuscules.

7. Cliquez sur le bouton Continuer.

   Mail contacte le fournisseur d'accès Internet et teste la connexion. Puis il affiche un panneau indiquant le résultat de la connexion (Figure 5.74).

8. Cliquez sur le bouton Créer.

   Le nouveau compte apparaît sous l'onglet Comptes des préférences de Mail (Figure 5.75). Si son nom apparaissant dans la colonne de gauche ne vous convient pas, cliquez dans le description, sous l'onglet Informations du compte, et saisissez-en un autre.

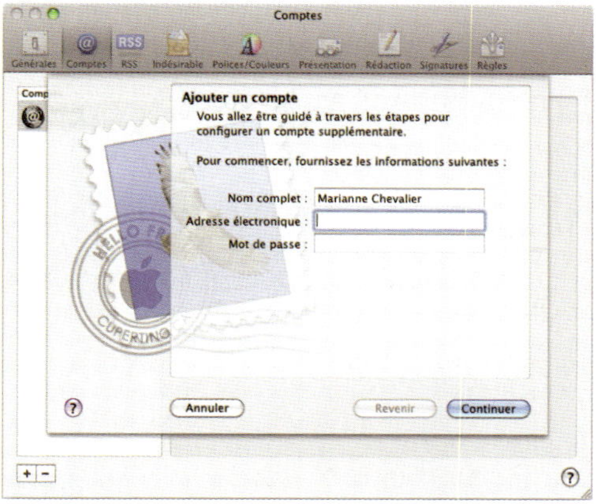

Figure 5.73 : Saisissez ici le prénom et le nom, l'adresse Internet et le mot de passe du nouveau compte.

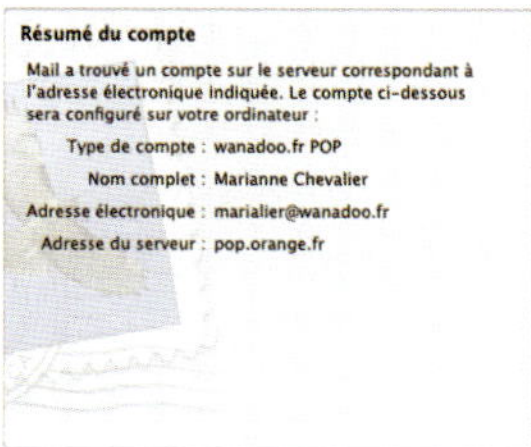

Figure 5.74 : Le nouveau compte a été testé et validé.

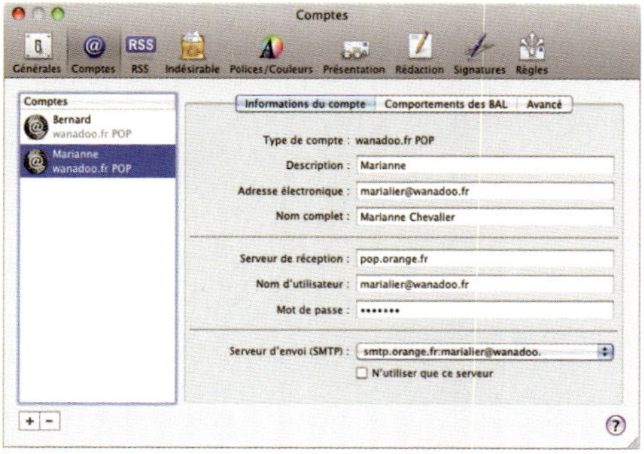

Figure 5.75 : Le nouveau compte est prêt à être utilisé.

Désactiver un compte

1. Dans la barre de menus, cliquez sur Mail > Préférences.
2. Cliquez sur l'onglet Comptes.
3. Sélectionnez le compte à désactiver en cliquant dessus, dans la colonne de gauche.
4. Cliquez sur l'onglet Avancé.
5. Décochez la case Activer ce compte (Figure 5.76).

   Le compte ne peut plus recevoir de courrier ni en envoyer, mais il reste à disposition jusqu'au moment où vous le réactiverez par la même procédure.

Pour supprimer un compte, sélectionnez-le puis cliquez sur le bouton « - », en bas de la colonne de gauche.

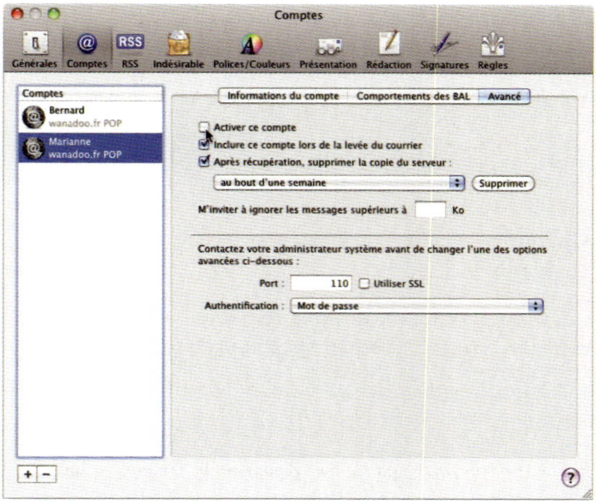

Figure 5.76 : Désactivez un compte dont vous ne vous servez pas momentanément au lieu de le supprimer.

Sauvegarder la messagerie

1. Cliquez sur Boîte de réception, dans le volet des dossiers de Mail.
2. Dans la barre de menus, choisissez BAL > Archiver la boîte aux lettres.
3. Dans le panneau qui apparaît, choisissez un dossier (Documents, par exemple).
4. Cliquez sur le bouton Nouveau dossier (Figure 5.77) et créez un dossier Sauvegarde BAL. Cliquez ensuite sur le bouton Choisir.
5. Répétez les Étapes 1 à 4 et enregistrez chacune des boîtes à sauvegarder. Cliquez sur Choisir, dans le panneau d'enregistrement (Figure 5.78), pour effectuer la sauvegarde.

   Les boîtes sont enregistrées chacune dans un dossier séparé portant les noms suivants :

   - **INBOX.mbox** : Boîte de réception.
   - **Sent Messages.mbox** : Messages envoyés.
   - **Drafts.mbox** : Brouillons.
   - **Deleted Messages.mbox** : Corbeille.
   - **Junk.mbox** : Courrier indésirable.
   - Les boîtes aux lettres supplémentaires ou intelligentes sont enregistrées sous leur nom, avec l'extension mbox (*message box*).

Copiez immédiatement le dossier de sauvegarde sur un CD, un DVD ou dans un disque dur externe afin d'assurer la sécurité des données.

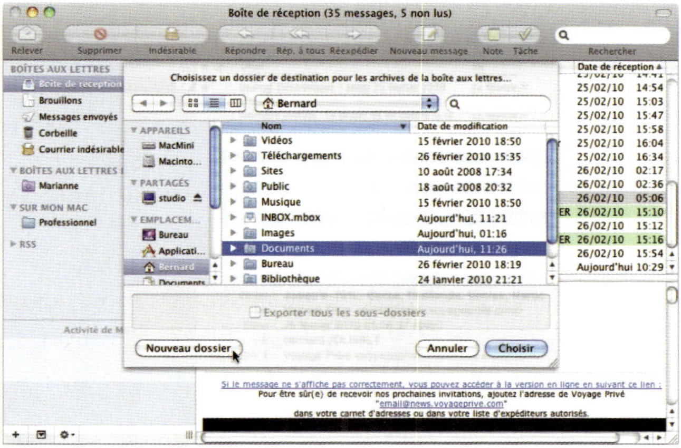

Figure 5.77 : Créez un dossier pour les boîtes aux lettres à sauvegarder.

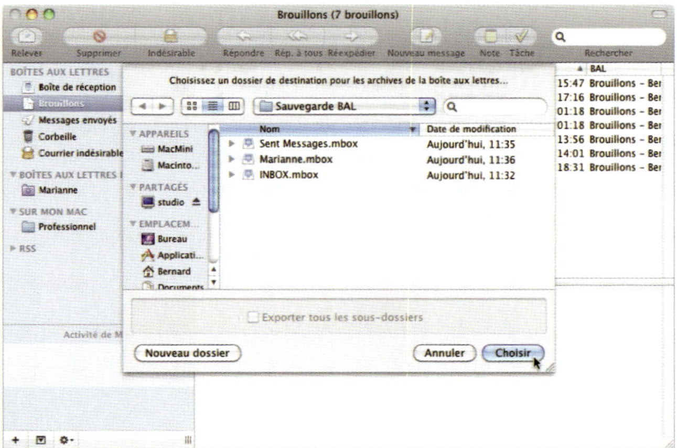

Figure 5.78 : Les boîtes sont enregistrées chacune dans un fichier séparé.

Restaurer la messagerie

1. Dans la barre de menus, choisissez Fichier > Importer des boîtes aux lettres.
2. Dans la boîte de dialogue Importation, assurez-vous que l'option Apple Mail est sélectionnée, puis cliquez sur le bouton Continuer.
3. Cliquez ensuite sur le bouton Choisir, sans rien sélectionner.
4. Dans le panneau qui apparaît, décochez les cases des fichiers de messages à ne pas importer (Figure 5.79). Cliquez ensuite sur Continuer.

   Mail importe les fichiers.
5. Cliquez sur Terminé.

   Les fichiers importés sont stockés dans une boîte aux lettres supplémentaire, dans la rubrique Sur mon Mac (Figure 5.80). Vous devrez répartir manuellement le courrier dans les différentes boîtes aux lettres.

Mail sait importer la messagerie de nombreux logiciels : Microsoft Entourage, Netscape, Thunderbird, Eudora et d'autres fichiers au format mbox. En revanche, aucune option n'est prévue pour Outlook ou l'ancien Outlook Express (Windows XP et antérieur) ni pour Windows Mail (Windows Vista) ou Mail Live (Windows 7).

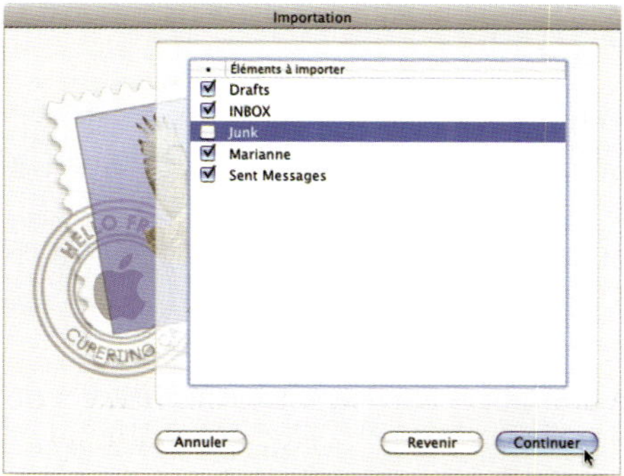

Figure 5.79 : Tous les fichiers sauvegardés sont sélectionnés.

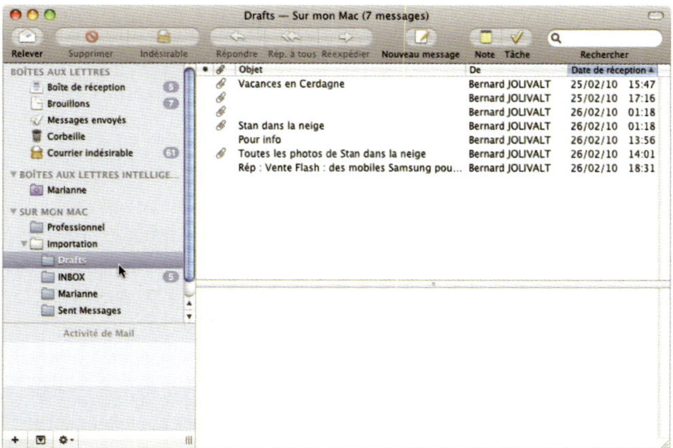

Figure 5.80 : Les messages importés sont stockés à part.

Sauvegarder les contacts

1. Dans le Dock, cliquez sur l'icône Carnet d'adresses.
2. Dans la barre de menus, cliquez sur Fichier > Exporter > Archive du carnet d'adresses.

   Mail crée un fichier nommé Carnet d'adresses suivi de la date de la sauvegarde. Vous pouvez modifier ce nom s'il ne vous convient pas.
3. Choisissez un emplacement pour le fichier de sauvegarde (Figure 5.81).
4. Cliquez sur le bouton Enregistrer.

   Le contenu du Carnet d'adresses est enregistré dans un fichier dont l'extension est .abbu (*Address Book* Back-Up, sauvegarde du fichier d'adresses).

Restaurer les contacts

1. Double-cliquez sur l'icône du fichier .abbu (*Address Book Back-Up*, sauvegarde du fichier d'adresses) contenant la sauvegarde du Carnet d'adresses.

   L'application affiche un message vous mettant en garde contre les risques de cette opération (Figure 5.82).

   Lorsque vous restaurez à partir d'une copie de sauvegarde, tous les contacts créés entre-temps sont perdus, de même que toutes les modifications et mises à jour apportées aux fichiers.
2. Cliquez sur le bouton Tout remplacer.

   La base de données du Carnet d'adresses est entièrement remplacée par l'ancienne.

   Sauvegardez fréquemment le Carnet d'adresses afin de ne pas être obligé d'importer des contacts périmés, en cas d'incident, et perdre les informations les plus récentes.

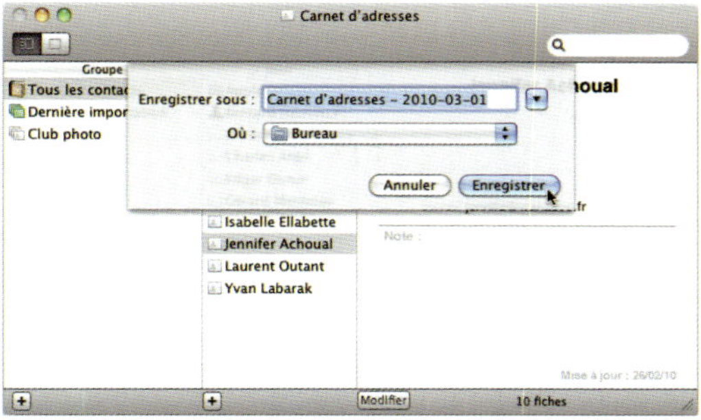

Figure 5.81 : La sauvegarde des contacts.

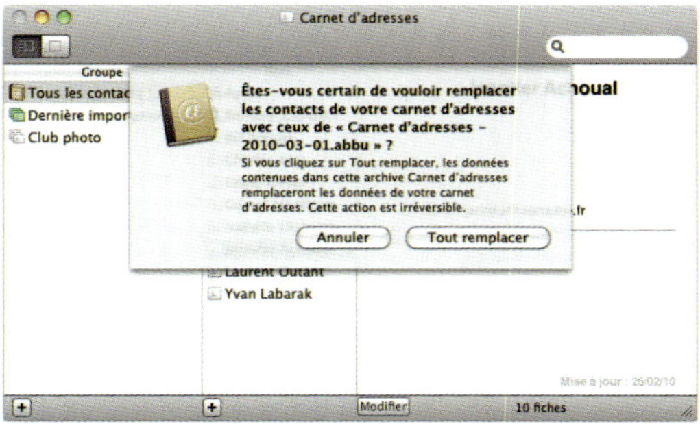

Figure 5.82 : La restauration des contacts n'est pas dénuée de risques.

Chapitre
6

Créer un réseau local

Il y a quelques années, à l'époque encore héroïque de la micro-informatique, l'installation d'un réseau local domestique exigeait des connaissances techniques assez trapues, même avec le Macintosh. Ceci dit, ceux que ces considérations intriguent pourront cliquer sur l'icône Réseau, dans les Préférences système ; ils seront édifiés.

Depuis, le Mac a fait d'énormes progrès en ce domaine. Pour créer un réseau local sans fil, au standard Wi-Fi, vous n'avez quasiment rien d'autre à faire que de laisser les ordinateurs reconnaître le réseau et s'y brancher tout seuls. Cerise sur le gâteau : Mac et PC sous Windows ou Linux font bon ménage, n'en déplaise aux amateurs nourrissant des antagonismes en tous genres.

Quelques astuces sont cependant les bienvenues dans le domaine des réseaux. Elles font l'objet de ce très bref chapitre.

Créer un raccourci de réseau

1. Assurez-vous que l'ordinateur est connecté à un réseau local.

   Le Mac se connecte spontanément à un réseau dès qu'il en détecte un. S'il est le premier a avoir démarré, le réseau est créé lorsqu'au moins un autre ordinateur est détecté.

2. Dans le volet de gauche du Finder, cliquez sur l'entrée portant le nom du Mac, sous la rubrique Appareils.

   Le Mac affiche tous les autres ordinateurs qu'il a détectés (Figure 6.1).

3. Les touches ⌘+Alt enfoncées, cliquez sur l'icône de l'ordinateur distant pour lequel vous désirez créer un alias, puis tirez-la jusque sur le Bureau (Figure 6.2).

4. Renommez éventuellement l'alias de réseau (appelez-le par exemple iBook ou PC.

Pour que les PC en réseau soient visibles sur le Mac, vous devez configurer la découverte de réseau et le partage sur chacun des PC. Cliquez sur l'icône Réseau, à l'Étape 1, pour accéder aux ordinateurs distants (Figure 6.3).

Il vous sera parfois demandé d'indiquer le nom de l'utilisateur ainsi que le mot de passe pour connecter un ordinateur du réseau au Mac :

- **Nom d'utilisateur :** C'est le nom du Mac tel qu'il figure sous la rubrique Appareils, suivi d'une barre inversée et du nom du compte d'utilisateur. Exemple : <u>MacMini\Bernard</u>.
- **Mot de passe :** C'est le mot de passe du compte d'utilisateur (celui que vous utilisez pour les mises à jour et pour les installations de fichier). Si aucun mot de passe n'a été défini, laissez le champ vide.

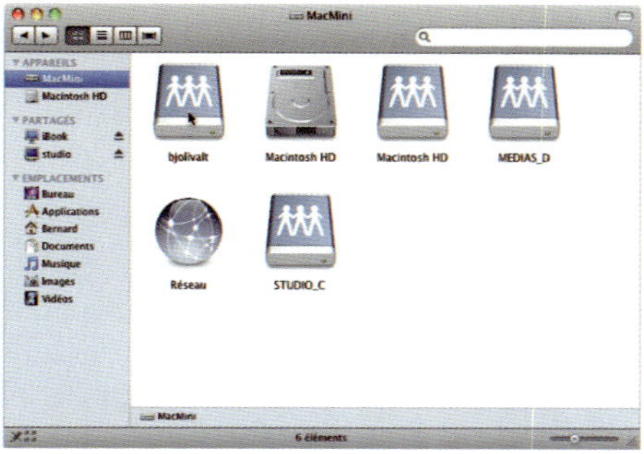

Figure 6.1 : Les différents ordinateurs du réseau local.

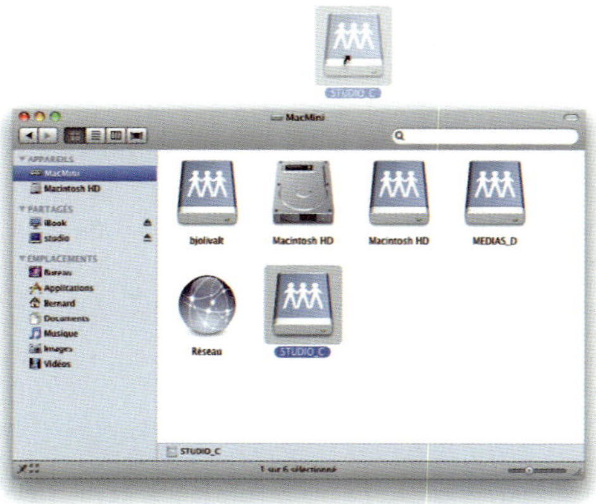

Figure 6.2 : Création d'un alias de réseau.

Figure 6.3 : Dans la boîte de dialogue Réseau, de splendides écrans plats pour les Mac et pour les PC, d'archaïques écrans cathodiques affichant un plantage de Windows.

Configurer le partage

1. Dans le Dock, cliquez sur l'icône Préférences Système (ou cliquez, dans le menu, sur Pomme > Préférences Système).
2. À la rubrique Internet et sans fil, cliquez sur Partage.
3. Dans le panneau Partage, cochez les éléments que vous désirez partager.

Ne décochez aucune option de partage si vous ne connaissez pas son utilité.

Les partages les plus importants sont :

- **Partage de fichiers** (Figure 6.4) : Indispensable pour partager vos documents avec les autres ordinateurs. La colonne complètement à droite régit les autorisations (des commandes similaires se trouvent en bas de nombreux panneaux Informations sur). Cliquez sur les doubles-flèches pour choisir les autorisations accordées : Lecture et écriture afin que les fichiers présents dans votre ordinateur puissent être modifiés, déplacés et/ou supprimés, ou Lecture seule afin qu'ils ne puissent être que consultés.
- **Partage d'imprimante :** Donne accès aux autres ordinateurs à l'imprimante connectée au Mac. Cliquez sur le bouton Ouvrir les préférences d'impression pour configurer les options d'impression.
- **Partage Internet :** Si le routeur ou la box est connecté à ce Mac, activez le partage. Ne le faites pas pour les autres ordinateurs du réseau.

Pour que votre réseau fonctionne correctement, le partage des fichiers doit avoir été configuré sur chacun d'eux.

- **Partage Bluetooth :** Configurez le comportement du Mac et du périphérique Bluetooth (autre ordinateur, assistant personnel…) lorsque ce dernier arrive à portée.

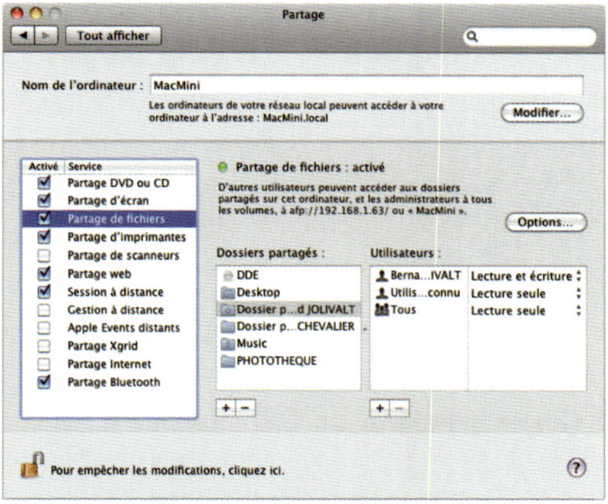

Figure 6.4 : Définissez les modalités de partage de fichiers.

Partager l'écran d'un autre Mac

1. Assurez-vous que le partage d'écran a été activé (voir technique précédente).
2. Dans une fenêtre du Finder, à la rubrique Partagé, cliquez sur l'ordinateur dont vous désirez voir l'écran.
3. Cliquez ensuite sur le bouton Partage d'écran, en haut à droite de la fenêtre (Figure 6.5).

   Si le Finder est affiché en mode Colonnes, ce bouton se trouve dans la colonne d'aperçu.
4. Saisissez votre mot de passe d'utilisateur puis cliquez sur le bouton Se connecter.

   L'écran de l'ordinateur distant est affiché dans l'écran de votre Mac (Figure 6.6).

   Vous agissez sur l'écran distant exactement comme si vous vous trouviez devant. La souris est opérationnelle, de même que les touches du clavier.
5. Pour quitter le partage d'écran, cliquez sur Partage d'écran > Quitter Partage d'écran, dans la barre de menus.

Utilisez le partage d'écran pour aider un utilisateur à distance, en intervenant directement sur son Mac.

Le partage d'écran n'est pas possible avec un PC.

Figure 6.5 : Accédez à l'écran du Mac sélectionné dans le volet de gauche.

Figure 6.6 : L'écran d'un autre Mac est affiché dans celui de votre Mac.

Troisième partie

Travail et loisirs

"Pensez-vous ma chère Irma qu'après Jaguar, Panther, Tiger et Snow Leopard, ils vont nous faire le coup du rhynocéros ?"

Chapitre

7

Les outils de production

L'ordinateur était à l'origine uniquement un outil de travail. Puis la micro-informatique l'a installé dans les foyers, ou il est devenu à la fois utilitaire et ludique : courrier et comptabilité personnelle d'une part, divertissement et jeux vidéo d'autre part. Et avec l'Internet, ces genres se sont mélangés.

Ce chapitre répond à quelques questions sur les tâches courantes, comme le courrier – celui destiné à être imprimé –, l'utilisation du carnet d'adresses, étroitement imbriqué, comme nous l'avons vu au Chapitre 5 («Le courrier électronique»), au courrier électronique, qui y puise les adresses des destinataires.

Vous découvrirez aussi les subtilités des polices de caractères.

Voir la mise en page dans TextEdit

1. Dans le Dock, cliquez sur l'icône TextEdit.
2. Saisissez ensuite votre en-tête de lettre (Figure 7.1) sans vous soucier de la présentation.
3. Pour voir l'occupation du texte dans la feuille en papier, avec les marges, cliquez sur Format, dans la barre des menus, et choisisse Adapter à la page.

   Un cadre entoure la zone imprimable de la feuille et montre les marges (Figure 7.2). Elles ne sont pas réglables.
4. Passez à la prochaine technique afin d'améliorer la présentation du texte.

Si la fenêtre de Word s'est ouverte sans barre d'outils ni règle, c'est parce que vous avez sans doute ouvert un texte au format brut, dont l'extension est .txt. Dans la barre de menus, choisissez Format > Convertir au format RTF.

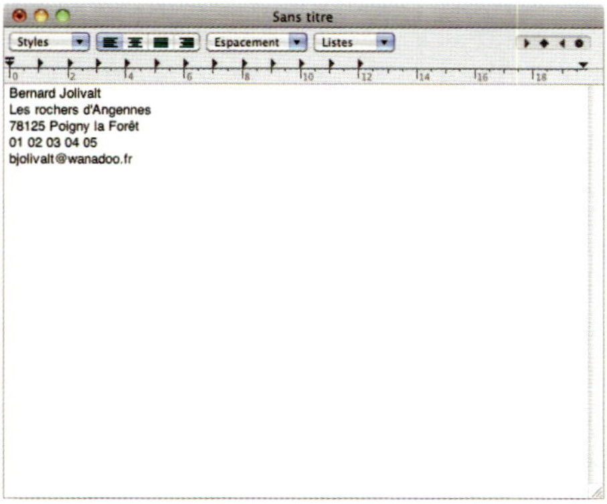

Figure 7.1 : Saisissez un en-tête rudimentaire.

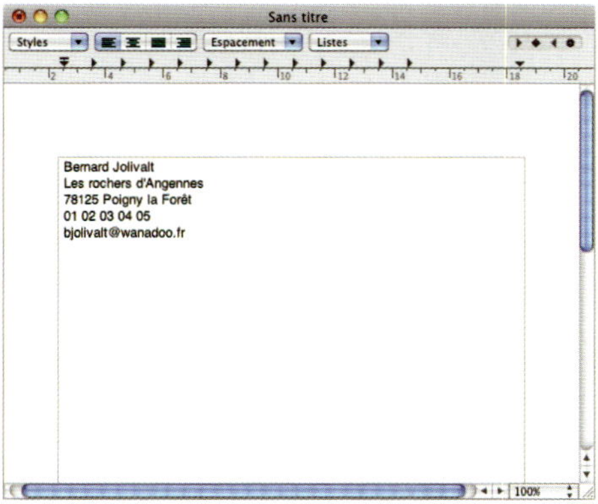

Figure 7.2 : Les marges de chaque page sont délimitées par un cadre.

Créer un en-tête de lettre

1. Sélectionnez l'en-tête en cliquant au début de la première ligne et en tirant le pointeur de la souris vers le bas.

   Les parties de texte sélectionnées sont surlignées en bleu.

2. Débarrassez-vous de tous les taquets de tabulations, sauf le premier et le dernier, en les tirant hors de la règle (Figure 7.3).

3. Dans le cartouche contenant quatre types de tabulation (gauche, centré, droite et décimale), en haut à droite de TextEdit, cliquez sur le second taquet et tirez-le jusqu'au-dessus de la règle, à environ 6 ou 7 cm du bord gauche.

   TextEdit indique la distance exacte dans une info-bulle (Figure 7.4). Une fine ligne vers le bas sert de repère.

4. Cliquez au début de la première ligne du texte sélectionné et appuyez sur la touche Tabulation.

   La ligne se positionne de part et d'autre de la tabulation centrée.

5. Pour toutes les lignes de l'en-tête, cliquez au début et appuyez sur la touche Tabulation.

   Les lignes de l'en-tête sont centrées les unes par rapport aux autres, mais décalées à gauche (Figure 7.5).

Pour centrer une ligne au milieu de la page – un titre, par exemple –, cliquez dedans puis, dans la barre d'outils, cliquez sur le bouton Centrer (le deuxième après le bouton Styles).

Des photos peuvent être collées dans TextEdit, ou chargées avec la commande Fichier > Joindre des fichiers, mais elles doivent d'abord avoir été mises à la taille adéquate car le redimensionnement n'est pas possible. Reportez-vous à la technique « Redimensionner une photo », au prochain chapitre.

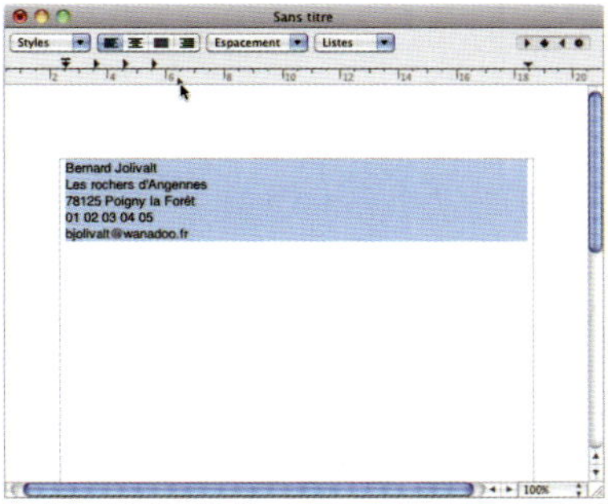

Figure 7.3 : Supprimez les taquets de tabulation intermédiaires.

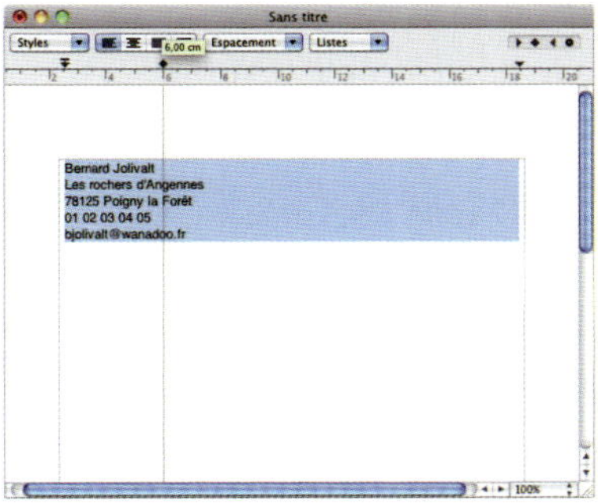

Figure 7.4 : Positionnez la tabulation centrée.

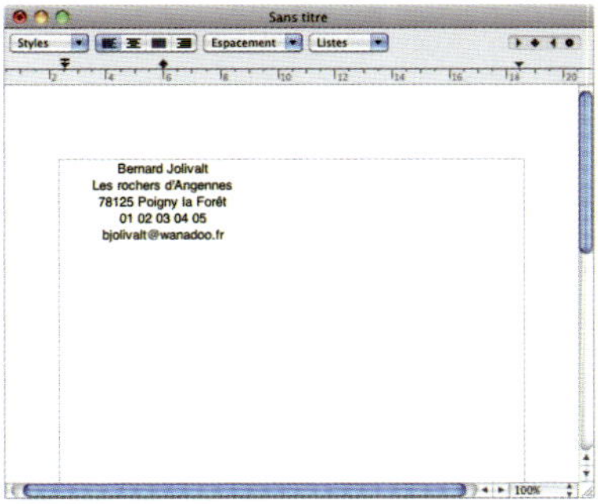

Figure 7.5 : L'en-tête est centré et décalé à gauche de la feuille.

Changer la police et l'interligne dans TextEdit

1. Triple-cliquez dans la première ligne de l'en-tête, ou ne sélectionnez que le prénom ou le nom.
2. Cliquez du bouton droit (ou Ctrl+clic) dans la sélection et, dans le menu, choisissez Police > Fenêtre des polices.
3. Choisissez une police, un style et sa taille dans le panneau Police (Figure 7.6). Vous pouvez aussi choisir la couleur (du bleu, par exemple, pour l'adresse électronique).
4. Cliquez dans la première ligne de l'adresse postale.

   Inutile de sélectionner la totalité du paragraphe, car tous les traitements de texte savent reconnaître le début et la fin d'un paragraphe.
5. Dans la barre de menus, choisissez Format > Texte > Espacement.

   Le panneau de la Figure 7.7 apparaît.
6. En bas du panneau, à la commande Espacement paragraphes, cliquez sur la petite flèche Avant, pointant vers le haut pour augmenter l'espacement au-dessus du paragraphe. Un espacement de 3 points est ici parfait.
7. Cliquez dans la dernière ligne de l'adresse postale, mais cette fois, à la commande Espacement paragraphes, cliquez sur la petite flèche Après, pointant vers le haut, pour augmenter l'espacement en dessous du paragraphe

   Si l'adresse est à trois lignes ou plus, ne changez pas l'espacement des lignes intermédiaires afin que toutes restent groupées.

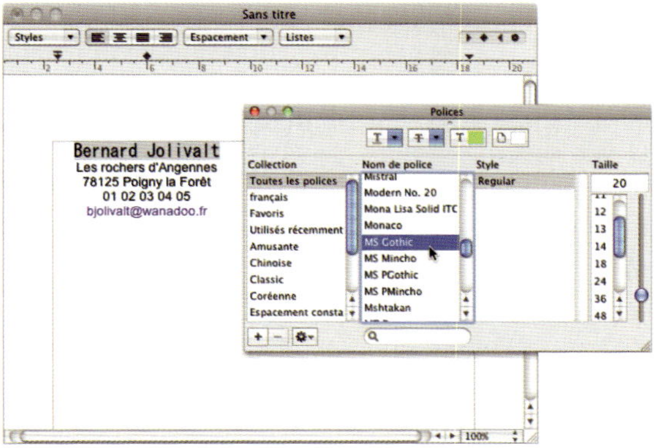

Figure 7.6 : Choisissez une police et sa taille pour votre en-tête.

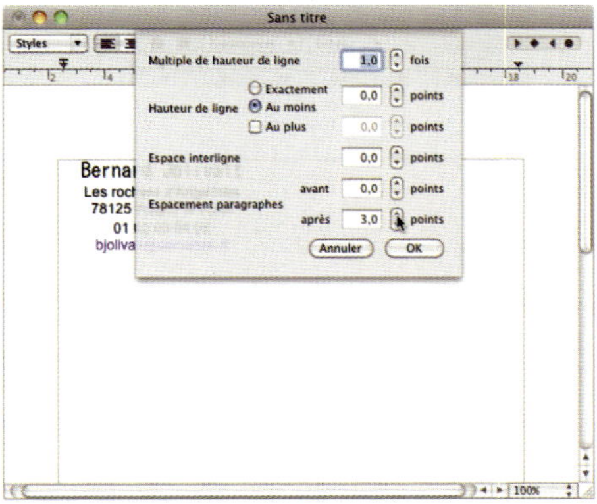

Figure 7.7 : Réglez l'espacement entre les paragraphes sélectionnés.

8. Ajoutez une ligne pour la date, sans indiquer cette dernière, et calez-la à droite en cliquant sur le bouton Justifier à droite, dans la barre d'outils (Figure 7.8). Ajoutez ensuite une ou deux lignes vides alignées de chaque côté avec le bouton Justifié, afin de commencer la rédaction.

Utilisez la glissière de gauche pour régler la taille de la police au corps près, en temps réel.

La sobriété est de mise lorsqu'il s'agit de typographie. Trop de polices différentes est de très mauvais goût.

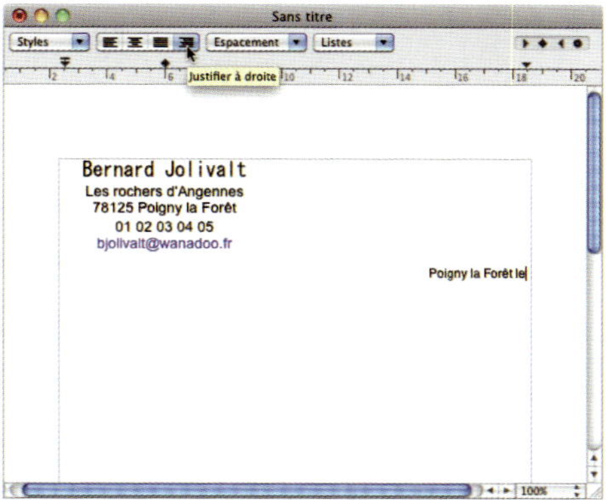

Figure 7.8 : Avec l'ajout de la ligne de date, l'en-tête est à présent terminé.

Enregistrer comme modèle

1. La réalisation du papier à en-tête terminée (voir techniques depuis le début de ce chapitre), cliquez sur Fichier > Enregistrer.
2. Nommez le document dans le champ Enregistrer sous.

   Par défaut, le document est enregistré sur le Bureau. Cliquez sur le bouton Bureau pour sélectionner un autre emplacement.

   Le document est enregistré au format RTF (*Rich Text Format*, format de texte enrichi).
3. Cliquez sur le bouton Enregistrer.

   Vous pouvez quitter TextEdit.

La présente technique est applicable à quasiment tous les fichiers produits par tous les logiciels.

4. Dans le dossier où se trouve le document, cliquez dessus du bouton droit (ou clic-droit) et dans le menu contextuel, choisissez Lire les informations.
5. Dans le panneau Infos sur [Nom du fichier], cochez la case Modèle (Figure 7.9). Fermez ensuite le panneau.
6. Ouvrez le modèle dans TextEdit et, dans la barre de titre, remarquez la mention Copie qui suit le nom du fichier (Figure 7.10).

   Vous enregistrerez toujours une version « copie » du fichier.

Si vous supprimez le suffixe « - copie » et que vous enregistrez votre travail dans le même dossier que le modèle, Mac OS X vous proposera de remplacer ce dernier par la nouvelle version (Figure 7.11). N'acceptez pas, car vous écraseriez irrémédiablement le modèle original (cette mise en garde ne compte évidemment pas si vous avez amélioré le modèle).

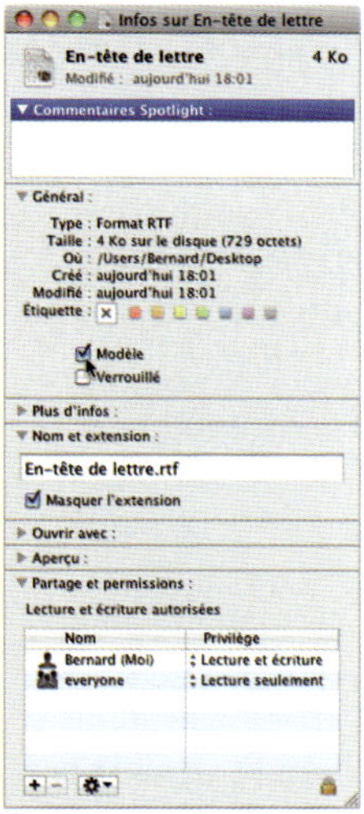

Figure 7.9 : Faites du fichier un modèle.

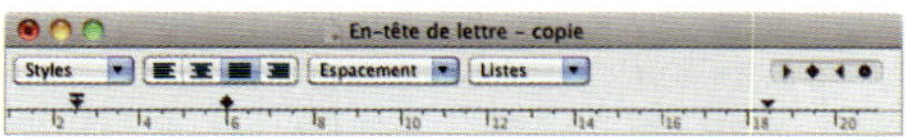

Figure 7.10 : Le suffixe Copie, dans la barre de titre, indique que le fichier est un modèle.

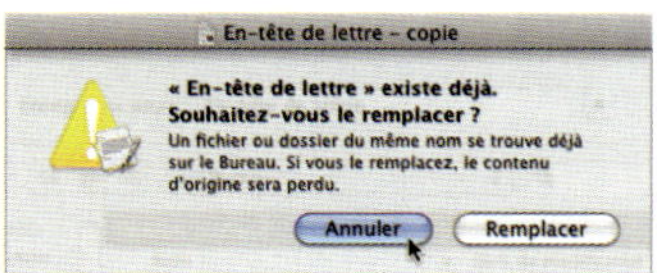

Figure 7.11 : Ne remplacez le modèle par une version modifiée qu'à bon escient.

Insérer un tableau dans TextEdit

1. Placez le curseur d'insertion à l'endroit où vous désirez placer le tableau.

2. Dans la barre de menus, cliquez sur Format > Tableau.

   TextEdit affiche la boîte de dialogue de la Figure 7.12.

3. Définissez le nombre de rangées et de colonnes, ainsi que les autres paramètres comme l'alignement des données dans les cellules du tableau, l'épaisseur de la bordure et sa couleur, ou la couleur de l'arrière-plan.

4. Sélectionnez des cellules en tirant le pointeur de la souris par-dessus puis cliquez sur le bouton Fusionner cellules pour obtenir un bandeau. Réglez ensuite son épaisseur et sa couleur (Figure 7.13). La hauteur d'une rangée et la largeur d'une colonne sont réglables en cliquant sur la bordure et en la tirant.

Les possibilités de mise en page des colonnes sont hélas rudimentaires car, s'il est possible de sélectionner des rangées contiguës, il est en revanche impossible de sélectionner telle ou telle colonne. De plus, les tabulations sont inutilisables. La prochaine technique propose une manière plus souple de créer un tableau, à base de tabulations.

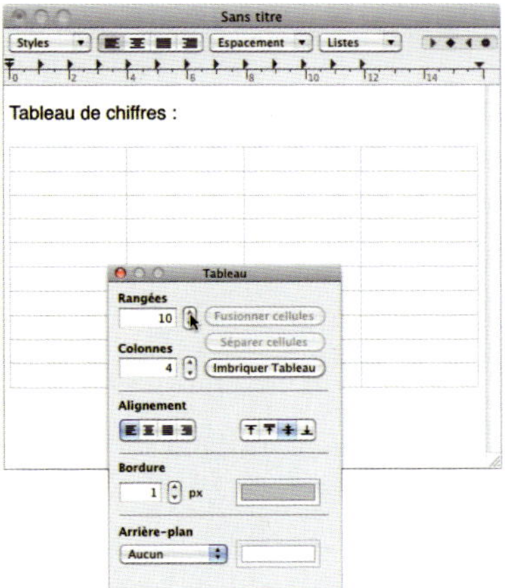

Figure 7.12 : Définissez le nombre de rangées et de colonnes du tableau.

Figure 7.13 : Mettez le tableau en forme.

Créer un tableau avec des tabulations

1. Entrez les données en les séparant par une tabulation (Figure 7.14).

   Ne vous souciez pas de l'apparence pour le moment.

2. Sélectionnez toutes les rangées du tableau.

3. Supprimez tous les taquets de tabulation inutiles, n'en conservez que deux, contre lesquels les données se caleront automatiquement (Figure 7.15).

   Les tabulations de TextEdit permettent de peaufiner la présentation du tableau. Voici ce que nous allons faire :

   - Mettre le tableau légèrement en retrait.
   - Aligner la seconde colonne – celle qui contient des numéros – à droite.
   - Aligner la troisième colonne sur la virgule ou les unités.

4. Cliquez sur la partie supérieure du premier taquet de tabulation (il sert au retrait de la première) et tirez-le légèrement vers la droite.

   L'ensemble de la sélection est mis en retrait.

5. Supprimez les tabulations gauche.

   Ne vous souciez pas du retour à la ligne de chaque donnée.

6. Dans le cartouche contenant les quatre types de tabulation, cliquez sur le troisième taquet de tabulation (droite) et tirez-le au-dessus de la règle, de manière à séparer la deuxième colonne.

7. Faites de même pour la troisième colonne, mais cette fois avec le dernier taquet de tabulation (décimale).

8. Cliquez hors de la sélection.

   Observez comment les numéros sont à présent alignés sur le bord droit, grâce à la tabulation droite, et les chiffres selon la virgule, grâce à la tabulation décimale (Figure 7.16).

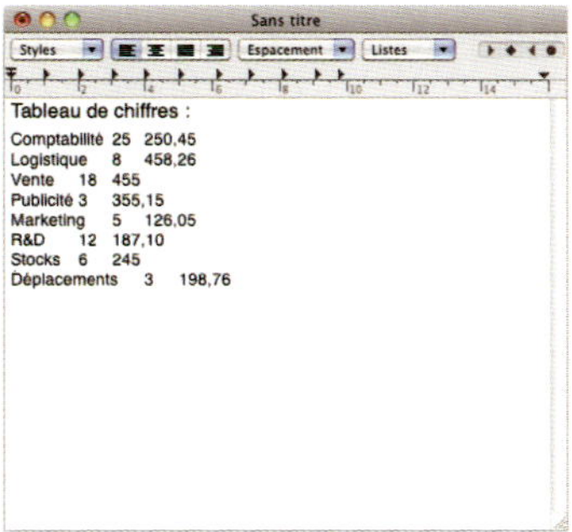

Figure 7.14 : Saisissez les données sans vous soucier de leur mise en forme.

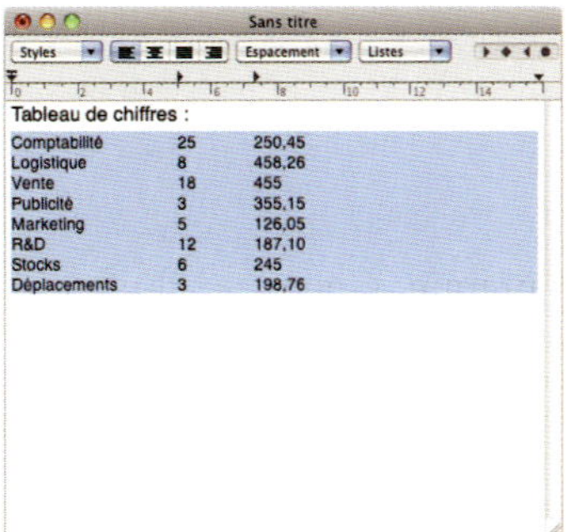

Figure 7.15 : Un tableau rudimentaire à base de tabulations gauche.

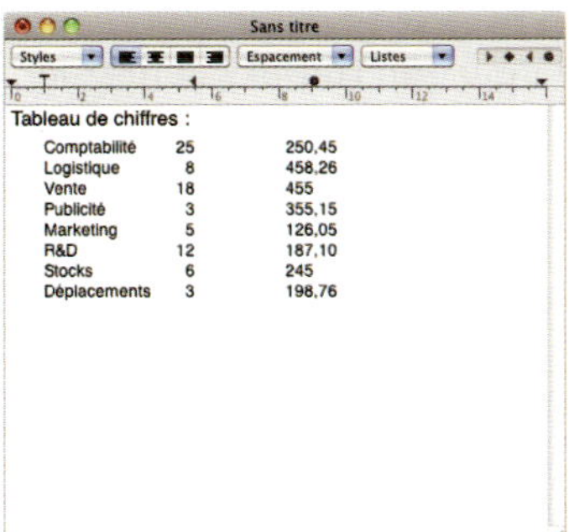

Figure 7.16 : Retrait de la première colonne, tabulation droite pour la deuxième colonne et tabulation décimale pour la troisième colonne.

Les calculettes de Mac OS X

1. Dans le Dock, cliquez sur l'icône Finder, puis dans le volet de gauche, cliquez sur Applications.
2. Dans le dossier Applications, double-cliquez sur l'application Calculette.

   Mac OS X affiche une calculette élémentaire (Figure 7.17).

   À l'instar de nombreuses calculettes, celle de Mac OS X effectue les quatre opérations. Elle est également capable de mémoriser un résultat grâce aux quatre touches virtuelles :

   - **MR** : Rappel de la valeur en mémoire pour l'utiliser dans une opération arithmétique.
   - **M+** : Ajout de la valeur affichée à la valeur en mémoire.
   - **M-** : Soustration de la valeur affichée à la valeur en mémoire.
   - **MC** : Purge de la mémoire.

   À ces touches s'ajoute une fonctionnalité utile :

   - **MC** puis **M+** : Remplacement de la valeur en mémoire par la valeur affichée.
3. Pour conserver une trace de nombreux calculs, cliquez sur Fenêtre > Afficher la bande papier (ou appuyez sur ⌘+T).

   Toutes les opérations sont consignées dans un ruban de papier virtuel (Figure 7.18) imprimable en choisissant Fichier > Imprimer la bande.

   Le ruban papier est utilisable avec toutes les présentations de la calculette.
4. Pour effectuer des calculs en notation polonaise inversée, choisissez Présentation > Mode RPN (*Reverse Polish Notation*). La présentation de la calculette change sensiblement (Figure 7.19).

Figure 7.17 : La calculette en mode Élémentaire.

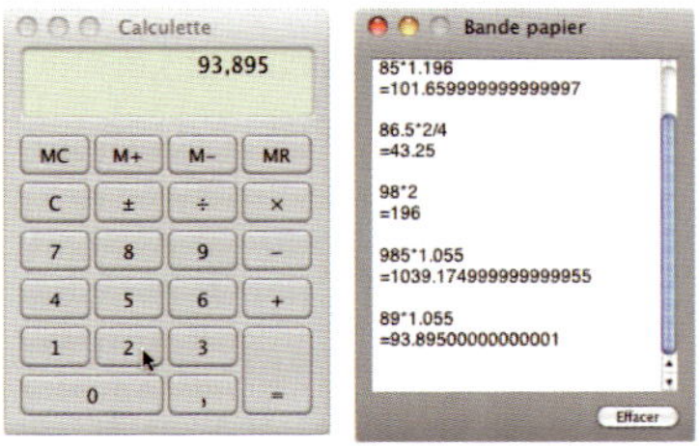

Figure 7.18 : Affichage de la « bande papier ».

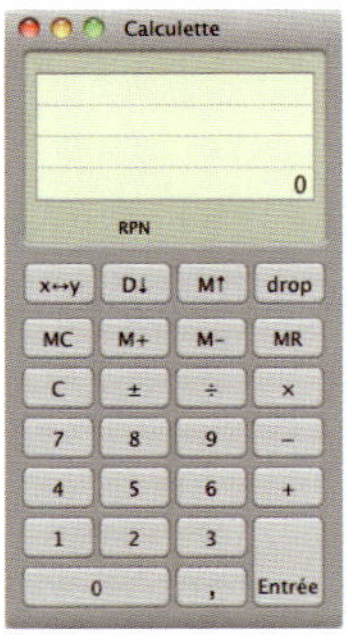

Figure 7.19 : La calculette en mode RPN.

Inventée par le mathématicien Jan Lukasiewicz, la notation polonaise inversée se caractérise par le fait que les opérandes sont présentés avant les opérateurs. Au lieu de saisir « 107 + 51 = », comme habituellement, il faut saisir « 107 51 + ».

5. Pour effectuer des calculs plus complexes, cliquez sur Présentation > Scientifique, dans la barre de menus.

   À la calculette élémentaire s'ajoute, dans la moitié gauche, un module scientifique truffé de fonctions mathématiques (Figure 7.20).

   L'aide de la calculatrice, accessible en cliquant sur Aide > Aide Calculette, dans la barre de menus, contient une explication détaillée des 39 fonctions.

6. Si vous êtes informaticien, choisissez Présentation > Programmeur.

   La calculatrice contient à présent de nombreuses fonctions permettant de jongler avec les bases binaire, octale, décimale et hexadécimale (Figure 7.21). Elle contient également des opérateurs logiques, les codes ASCII et Unicode, etc.

   Le mode Programmeur ne gère pas les décimales, et la commande Présentation > Nombre de chiffres après la virgule, dans la barre de menus, ne concerne pas cette calculette.

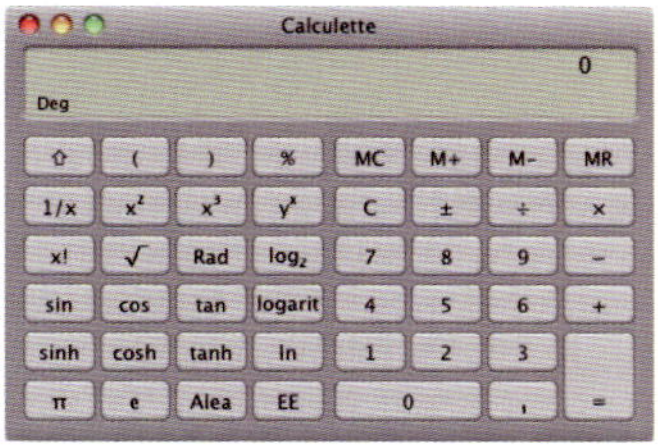

Figure 7.20 : La calculette en mode Scientifique.

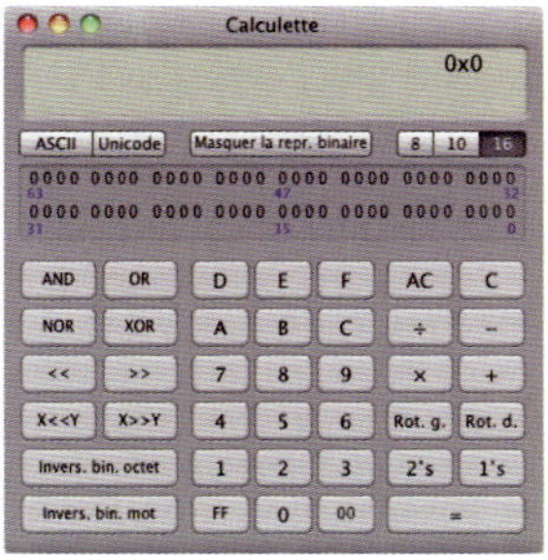

Figure 7.21 : La calculette du programmeur.

Chapitre 8

Photo et vidéo

Le Mac est non seulement un fabuleux outil de travail, mais aussi un remarquable appareil ludique permettant d'écouter de la musique et de regarder des vidéos.

Mais c'est surtout dans le domaine de la création artistique qu'il a réussi à se faire sa place, à tel point que les professionnels de l'image et du son l'ont adopté. Ceci ne date d'ailleurs pas de la veille. Les générations précédentes du Mac squattent depuis des années les studios d'art graphique, les maisons d'édition de livre et de musique, ou les ateliers de postproduction cinématographique.

À l'amateur de photo et de vidéo, le Mac offre des outils qui lui permettent de mieux profiter de son appareil photo numérique et/ou de son caméscope : QuickTime Player, qui démarre d'un double-clic sur le fichier d'une vidéo, et iMovie pour le montage des séquences.

Importer des photos dans iPhoto

1. Connectez l'appareil photo éteint, ou le lecteur de cartes, au Mac grâce à son câble USB ou FireWire.
2. Si vous avez connecté un appareil photo, allumez-le.

   iPhoto démarre spontanément et affiche une planche (Figure 8.1) montrant les photos à transférer.
3. Dans le champ Nom de l'événement, sous l'aperçu des photos, entrez le nom de l'événement – l'équivalent d'un album, dans le jargon d'iPhoto – dans lequel les photos importées seront réunies.
4. Dans le champ Description, saisissez le sujet de la série de prises de vue. Ce texte sera incorporé dans chacune des photos.
5. Si vous ne désirez n'importer que certaines photos, en excluant celles qui sont manifestement ratées, sélectionnez-les.

   Pour cela appuyez sur les touches ⌘+A pour tout sélectionner, puis touche ⌘ enfoncée, cliquez sur les photos à ne pas importer. Le nombre de photos retenues apparaît dans le panneau Informations, en bas à gauche d'iPhoto.
6. Cliquez sur le bouton Importer la sélection ou sur le bouton Tout importer.

   Les photos sont importées dans iPhoto (Figure 8.2) les unes après les autres.

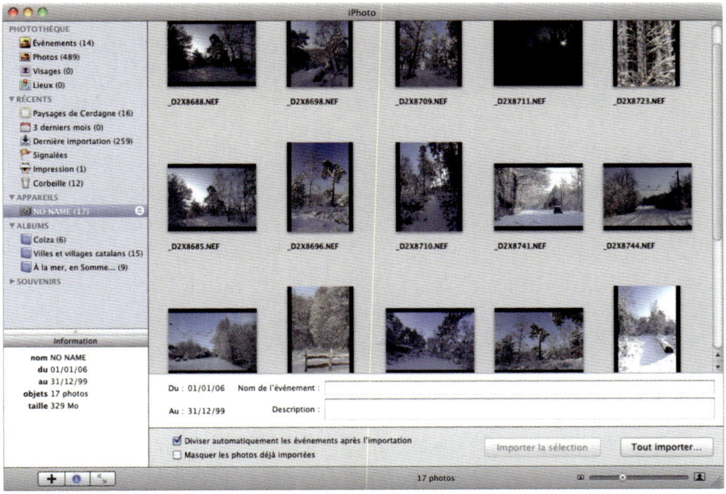

Figure 8.1 : L'application iPhoto démarre dès qu'un appareil photo ou un lecteur de cartes mémoire est connecté au Mac.

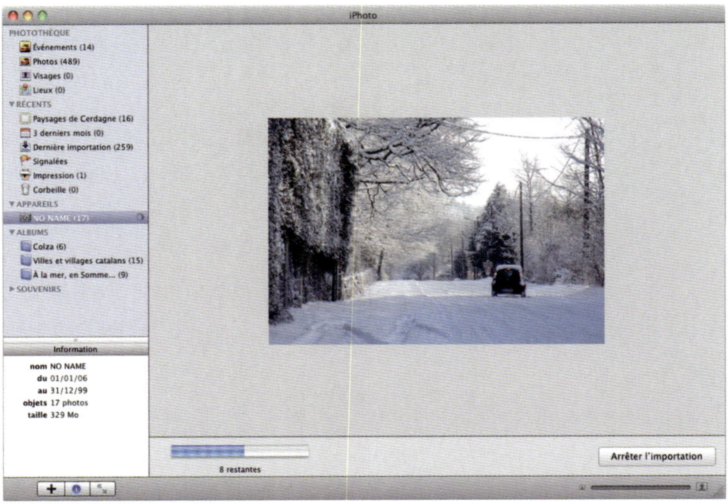

Figure 8.2 : iLife importe les photos.

L'importation terminée, un panneau propose deux options : Supprimer les photos ou Conserver les photos. Par mesure de sécurité, préférez toujours la seconde option. Vous effacerez les photos de la carte mémoire en la formatant dans l'appareil photo.

Les photos transférées apparaissent dans un album nommé Dernière importation (Figure 8.3). Elles se trouvent aussi parmi les événements (dernière vignette, tout en bas dans la figure).

Figure 8.3 : Les photos importées font maintenant partie de la bibliothèque d'iPhoto.

Créer un album intelligent dans iPhoto

1. Dans la barre de menus d'iPhoto, cliquez sur Fichier > Nouvel album intelligent.

   iPhoto affiche un panneau permettant de définir les critères de sélection des photos qui migreront dans l'album intelligent. Nous choisissons pour cet exemple de réunir dans un seul album une copie de toutes les photos prises au téléobjectif de plus 200 mm à une vitesse d'obturation de moins de 1/125 s (une copie des photos importées par la suite, répondant aux mêmes critères, sera aussi placée dans cet album).

2. Dans le champ Nom de l'album intelligent, saisissez un nom évocateur. Pour notre exemple, ce sera : « Plus de 200 mm, moins de 1 :125 s » (la barre inclinée, dans 1/125, n'est pas autorisée).

3. Cliquez sur le menu de gauche, et dans la liste, choisissez Longueur focale (Figure 8.4).

4. Dans le menu du milieu, choisissez l'option Est supérieur(e) à.

> Pour utiliser un critère « égal et supérieur à » ou « égal et inférieur à », vous devrez créer deux critères de tri : l'un pour l'égalité, l'autre pour la supériorité ou l'infériorité.

5. Dans le menu de droite, saisissez 200 (la liste contient les focales 90 et 210 mm, mais rien entre).

6. Cliquez sur le bouton « + », à droite des critères, puis configurez les critères suivants :

   - La vitesse de l'obturateur.
   - Est plus lent que.
   - 1/125.

7. Cliquez sur OK. La Figure 8.5 montre les différents critères de tri.

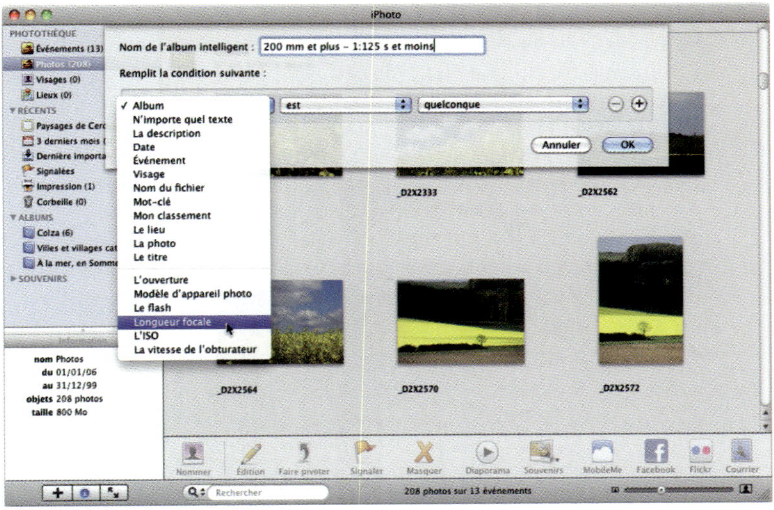

Figure 8.4 : L'album intelligent contiendra des photos répondant à certains critères.

Figure 8.5 : Les critères de tri ont été définis.

La Figure 8.6 montre le résultat du filtrage : quatre photos ont été prises au téléobjectif de plus de 200 mm avec une vitesse d'obturation de moins de 1/125 s. Les photos sont réunies dans un album nommé « Plus de 200 mm, moins de 1 :125 s », dans le volet de gauche d'iPhoto. Les détails de l'album figurent dans le panneau Information, en bas à gauche d'iPhoto.

Les photos de l'album intelligent restent à la même place sur le disque dur. iPhoto n'a fait qu'ajouter leurs vignettes dans cet album spécial. Par la suite, les vignettes de toutes les photos que vous prendrez, correspondant aux critères de tri, seront elles aussi placées dans l'album intelligent. Ces albums d'un genre particulier sont de remarquables outils de recherche et de mise à disposition des photos.

Figure 8.6 : Quatre photos répondent aux critères.

Améliorer une photo avec iPhoto

1. Dans iPhoto, affichez la photo à améliorer.

   Pour accéder à l'ensemble des photos, cliquez sur l'album Photos, dans le volet de gauche d'iPhoto.

2. Affichez la photo à traiter (Figure 8.7).
3. Sous la photo, cliquez sur le bouton Améliorer.

   iPhoto analyse la répartition tonale de l'image, sa luminosité et ses couleurs, et applique la correction qu'il estime la meilleure (Figure 8.8).

iPhoto ne réussit pas toujours à améliorer une photo. Parfois même, il la rend hideuse en exagérant le contraste et en rendant les couleurs criardes. Dans ce cas, cliquez du bouton droit (ou Ctrl+clic) dans la photo et, dans le menu contextuel, choisissez Revenir au précédent.

Si la commande Amélioration n'a pas été concluante, vous devrez régler manuellement la photo en cliquant sur le bouton Ajuster (voir technique suivante).

Avec toutes les techniques iPhoto, il est toujours possible de réafficher la photo d'origine en cliquant du bouton droit dans une photo en cours de retouche et en choisissant Revenir au précédent.

Figure 8.7 : Un beau cadrage, mais une lumière sans attrait.

Figure 8.8 : iPhoto a amélioré le cliché.

Corriger une photo avec iPhoto

1. Dans iPhoto, choisissez la photo à corriger puis, dans la barre d'outils sous la photo, cliquez sur le bouton Ajuster.

   iPhoto affiche le panneau de la Figure 8.9

2. Pour éclaircir la photo, amenez le pointeur de droite (détermination du point le plus blanc de la photo) sous l'histogramme visible en haut du panneau, jusqu'au pied de la courbe (Figure 8.10)

   Si les parties noires de la photo sont grisâtres, trop claires, redonnez-lui de la densité en tirant le curseur de gauche (réglage du point le plus noir de la photo) vers la droite. Le curseur du milieu (point gris) modifie le contraste de l'image.

3. Réglez ensuite les paramètres suivants :

   - **Exposition** : Éclaircit ou assombrit l'image en simulant l'effet d'une correction de l'exposition. Préférez le réglage de l'histogramme, plus nuancé.
   - **Contraste** : Augmente ou atténue la différence entre les tonalités extrêmes de l'image. Avant de recourir à cette commandes, voyez ce que donnent les commandes Tons clairs et Tons foncés.

Figure 8.9 : La photo à améliorer et le panneau Ajuster.

Figure 8.10 : Eclaircissement de la photo avec l'histogramme.

- **Saturation** : Avive les couleurs en tirant le curseur vers la droite, les rend plus ternes en le tirant vers la gauche.

  En tirant le curseur à bout de course à gauche, la photo n'a plus d'information de couleur et apparaît en noir et blanc, comme le montre la Figure 8.11 (il est cependant recommandé d'utiliser la commande Effets, parmi les outils sous la photo, pour obtenir des noirs et blancs plus flatteurs).

- **Définition** : Renforce le contraste des petits détails.
- **Tons clairs** : Redonne un peu de modelé aux parties trop claires de l'image (une robe de mariée, par exemple, dont le drapé est presque indécelable).
- **Tons foncés** : Éclaircit les parties les plus sombres de la photo.
- **Netteté** : Produit une illusion de netteté en accentuant le contraste entre les zones de différentes luminosités. Appliquée excessivement, cette commande produit de disgracieux tons clairs.
- **Anti-bruit** : S'efforce d'escamoter, par un lissage, les amas de pixels bleutés qui apparaissent dans les zones foncées quand les conditions d'éclairage sont mauvaises. La photo a tendance à devenir floue et artificielle.
- **Température** : Élimine efficacement la dominante de couleur lorsque la balance des blancs était mal réglée à la prise de vue. Vous pouvez aussi cliquer, avec la pipette située sous la commande, sur une partie de l'image qui doit être d'un gris neutre.
- **Teinte** : Modifie la coloration globale de l'image.

Si vous vous êtes fourvoyé dans vos réglage, cliquez sur le bouton Réinit., en bas à gauche du panneau, pour rétablir tous les réglages comme au début.

4. Les retouches terminées, cliquez sur OK (Figure 8.12), en bas à droite de la photo.

Figure 8.11 : Quand la commande Saturation est à 0, il ne reste plus que du noir et blanc.

Figure 8.12 : Enregistrez vos corrections de couleurs.

Éliminer les poussières sur le capteur

1. Démarrez iPhoto.
2. Accédez à la photo présentant des taches de poussières.
3. Dans la barre d'outils sous la photo, cliquez sur l'icône Retoucher.

   Le pointeur de la souris en forme de flèche devient un cercle.
4. Réglez le diamètre du cercle avec la glissière en bas à droite de la photo. Vous devrez faire des allers et venues entre la tache et le curseur de la glissière pour estimer et régler le diamètre. Faites en sorte qu'il soit un peu plus grand que celui de la tache à supprimer.
5. Cliquez sur la tache (Figure 8.13).

   Pendant un instant, un cercle blanc apparaît dans la zone qu'iPhoto est en train de corriger en calculant les pixels de remplacement en fonction de la luminosité, des couleurs et de la texture de la zone environnante (Figure 8.14).

   La tache disparaît (Figure 8.15). Répétez les Étapes 3 et 4 pour effacer les autres taches.
6. Le nettoyage terminé, cliquez sur le bouton OK pour quitter le mode Retoucher.

Envisagez un nettoyage du capteur de l'appareil photo, soit avec la fonction d'élimination des poussières, soit en le faisant nettoyer par un spécialiste, soit en réalisant vous-même cette opération avec un kit de nettoyage.

Figure 8.13 : Après avoir réglé le diamètre du pointeur puis cliqué sur la tache.

Figure 8.14 : La tache est en cours d'effacement.

Figure 8.15 : La tache est effacée.

Recadrer une photo

1. Démarrez iPhoto.
2. Ouvrez la photo à recadrer (Figure 8.16).
3. Cliquez sur l'icône Rogner, sous la photo.

   iPhoto affiche un cadre de délimitation.
4. Cochez la case Contrainte.

   iPhoto préserve ainsi les proportions d'origine.
5. Cliquez sur un coin de la photo puis, bouton de la souris enfoncé, tirez vers l'intérieur pour serrer le cadrage. Déplacez le cadre en cliquant dedans et en le tirant, bouton de la souris enfoncé (Figure 8.17).

Vous pouvez cliquer hors du cadre puis cliquer et tirer un nouveau cadre.

Le quadrillage qui apparaît dans le cadre pendant le redimensionnement ou le repositionnement permet d'appliquer la règle des tiers : tout ce qui se trouve à l'intersection des lignes ou le long des lignes (l'horizon, par exemple) est mis en valeur.

Figure 8.16 : Cette photo serait plus forte en cadrant le sujet plus serré et en éliminant le reflet d'une personne, à l'arrière-plan.

Figure 8.17 : Réduisez la taille du cadre et positionnez.le.

6. Cliquez sur le bouton noir Appliquer pour valider le cadrage.

La photo recadrée (Figure 8.18) est beaucoup plus spectaculaire.

Si vous envisagez d'imprimer la photo ou de l'utiliser comme fond d'écran pour votre ordinateur, cochez la case Contrainte, comme à l'Étape 4, mais ensuite, cliquez sur les doubles-flèches et choisissez l'un des cadrages proposés, que montre la Figure 8.19 (les mesures sont malheureusement en pouces : 1 pouce = 2,54 cm). Voici quelques cadrages recommandés :

- **Cet écran** : Pour recadrer la photo aux dimensions de l'écran et l'utiliser comme fond d'écran.
- **Original** : Pour conserver les proportions de la photo.
- **4 x 6** : Petit format 10 x 15 cm très souvent proposé dans les boutiques et par les bornes de tirage.
- **16 x 9** : Format 16:9 pour visionner les photos sur un écran à la norme HDTV.
- **Carré** : Très classe, style Rolleiflex, Hasselblad…
- **Personnaliser** : Indiquez la largeur et la hauteur en pixels.

Figure 8.18 : La photo d'action recadrée.

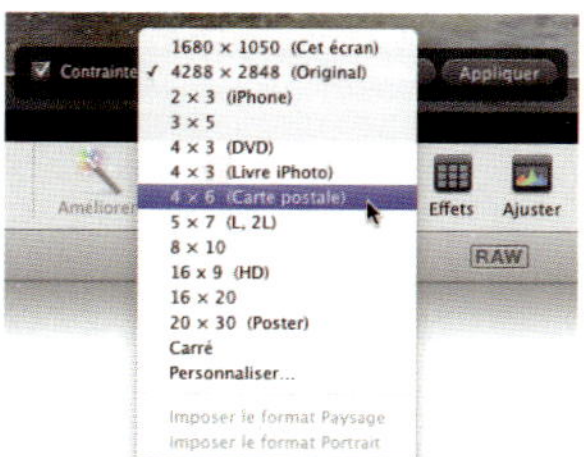

Figure 8.19 : Choisissez un format de recadrage classique.

Redresser une photo

1. Démarrez iPhoto.
2. Ouvrez la photo qui est inclinée.
3. Cliquez sur l'icône Redresser (Figure 8.20).
4. Inclinez la photo en actionnant le curseur (Figure 8.21). Ne vous souciez pas du flou temporaire de l'image.

   La correction angulaire est indiquée à droite de la glissière.
5. Cliquez de nouveau sur l'icône Redresser pour valider la correction.

Figure 8.20 : L'horizon penche dangereusement.

Figure 8.21 : Faites que l'horizon soit parallèle au quadrillage.

Ajouter des mots-clés

1. Dans iPhoto, ouvrez un événement ou un album.
2. Cliquez sur une photo.
3. Approchez le pointeur de la souris sous la zone de notation (points et/ou étoiles) et cliquez sur la mention Ajouter des mots-clés (Figure 8.22).

   La mention est remplacée par un champ de saisie (Figure 8.23).
4. Saisissez le mot-clé. Appuyez sur la touche « , » (virgule) pour en ajouter un autre.
5. Sélectionnez toutes les autres photos devant recevoir des mots-clés, par des clics, touche ⌘ enfoncée.
6. Appuyez sur ⌘+K.

   Le panneau Mots-clés apparaît. Il contient tous ceux qui se trouvent dans les photos (y compris les mots-clés créés par une autre application).
7. Faites glisser un mot-clé jusque dans la sélection (Figure 8.24).

Soyez patient : plusieurs secondes, voire des dizaines de secondes, peuvent s'écouler en attendant que les mots-clés apparaissent, car l'inscription dans chacune des photos prend beaucoup de temps.

Figure 8.22 : Cliquez sur Ajouter des mots-clés.

Figure 8.23 : Cliquez sur Ajouter des mots-clés.

Figure 8.24 : Attribuez le mot-clé à toute la sélection.

Empêcher iPhoto de transférer les photos

1. Si vous avez décidé de ne plus importer de photos dans iPhoto, parce que vous préférez les transférer directement dans un dossier du Finder, commencez par démarrer iPhoto.
2. Dans la barre de menus, cliquez sur iPhoto > Préférences.
3. En bas de la boîte de dialogue, cliquez sur le menu Connecter un appareil photo ouvre > Aucune application (Figure 8.25).
4. Fermez la boîte de dialogue en cliquant sur le bouton rouge, à gauche dans la barre de titre.

À l'Étape 3 vous pouvez aussi opter pour Connecter un appareil photo ouvre > Transfert d'images, si vous désirez recourir à cet utilitaire pour importer vos photos.

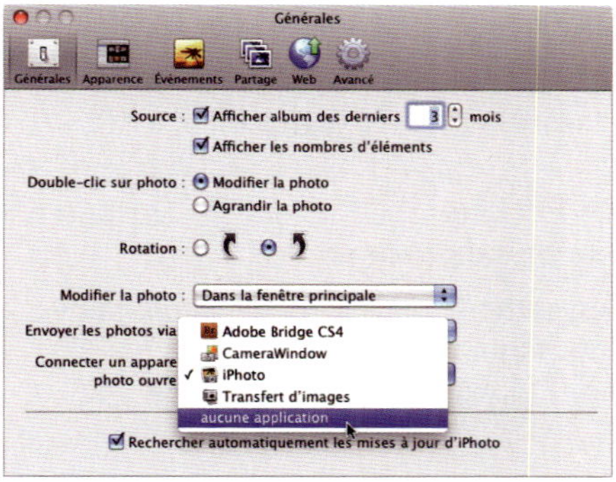

Figure 8.25 : Cessez d'importer des photos avec iPhoto.

Un diaporama avec le Finder

1. Sélectionnez les photos à montrer dans le diaporama.
2. Cliquez du bouton droit dans la sélection (ou Ctrl+clic) et dans le menu contextuel, choisissez Coup d'œil sur *n* éléments, où *n* est bien sûr le nombre de photos sélectionnées.

   Un visualiseur de photos est affiché. Il s'agit tout simplement de l'application Aperçu. Le résultat aurait été le même en choisissant Ouvrir avec > Aperçu puis Présentation > Diaporama.
3. Cliquez sur le bouton Lire (Figure 8.26), en bas de la photo, pour démarrer le diaporama.

   Les photos se succèdent toutes les trois à quatre secondes.
4. Le bouton à quatre rectangle affiche une planche des photos du diaporama. Cliquez sur une vignette (Figure 8.27) pour afficher la photo.

Le bouton à deux flèches affiche le diaporama en plein écran.

Figure 8.26 : Visionnez vos photo sous forme de diaporama dans le Finder.

Figure 8.27 : L'index donne une vision synthétique des photos.

Un diaporama avec iPhoto

1. Dans iPhoto, ouvrez un événement ou un album.
2. Cliquez sur le bouton Diaporama, sous les photos.
3. iPhoto démarre un diaporama en plein écran, avec une musique d'accompagnement (Figure 8.28).
4. Cliquez sur l'icône à roue dentée, dans les commandes qui apparaissent dès que la souris bouge, et configurez le diaporama à votre guise.

   De nombreux effets sont proposés pour la présentation, les transitions et le son.

Essayez aussi Front Row (Figure 8.29). Cette application multimédia, qui peut être télécommandée avec le petit boîtier Apple Remote, est parfaite pour une soirée diapo devant un téléviseur.

Figure 8.28 : iPhoto ajoute un accompagnement sonore au diaporama.

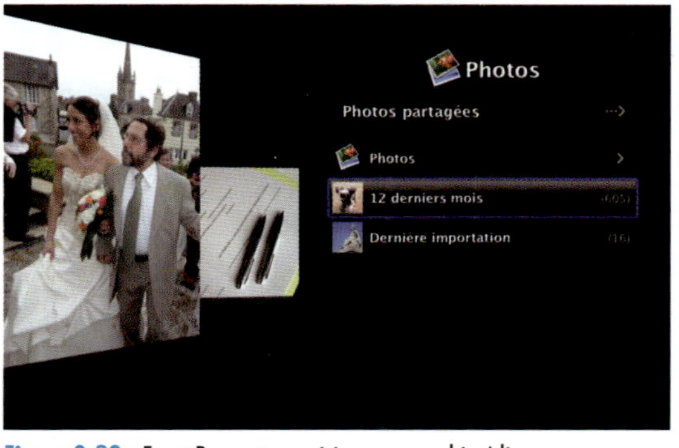

Figure 8.29 : Front Row est une visionneuse multimédia.

Photographier avec Photo Booth

1. Assurez-vous que la webcam du Mac est en marche.
2. Dans le Dock, cliquez sur l'icône Finder
3. Cliquez sur Applications, dans le volet de gauche, puis double-cliquez sur l'icône Photo Booth.

   Une fenêtre montrant l'image actuellement captée par la Webcam apparaît.
4. Cliquez sur le bouton rouge sous l'image.

   Le bouton Effets permet de convertir la photo en noir et blanc ou en sépia, ou d'appliquer des effets spéciaux et des déformations.

   Photo Booth – « Photomaton », en anglais – décompte trois secondes puis déclenche (Figure 8.30). La photo est ensuite placée dans le ruban, juste dessous (Figure 8.31).

Figure 8.30 : Autoportrait en cours avec Photo Booth.

Figure 8.31 : Les prises de vue s'accumulent dans le ruban.

5. Prenez d'autres vues afin de bénéficier d'un grand choix d'expressions.

   Les photos s'accumulent dans le ruban. Ces photos sont stockées dans un sous-dossier de Images nommé Photo Booth. Vous pourrez ainsi les utiliser dans d'autres applications graphiques, ou les coller dans un CV rédigé avec TextEdit.

6. Cliquez sur une photo, dans le ruban, pour la sélectionner.

   Si elle vous convient, Photo Booth propose quatre actions :

   - Envoyer la photo par courrier électronique.
   - Placer la photo dans la bibliothèque d'iPhoto.
   - Utiliser la photo comme image du compte d'utilisateur.
   - Utiliser la photo comme image lors d'une conversation avec iChat.

   Vous pouvez aussi imprimer la photo en choisissant Fichier > Format d'impression puis Fichier > Imprimer.

Si vous cliquez sur le bouton du milieu, en bas à gauche de la fenêtre principale de Photo Booth, quatre photos sont prises à une demi-seconde d'intervalle. Pour sélectionner l'une d'elles, cliquez dessus dans la planche (Figure 8.32).

Figure 8.32 : Une présentation « Photomaton ».

Chapitre 9

Musique et son

Le chapitre précédent se termine par deux techniques audio : l'ajout d'un accompagnement sonore au film, et l'enregistrement d'un commentaire en voix off. Nous aborderons dans ce chapitre quelques techniques liées à iTunes, le logiciel multimédia d'Apple. C'est avant tout une fabuleuse machine à vendre des morceaux de musique téléchargés (aïe thunes…), mais c'est aussi et surtout un excellent lecteur.

Pour profiter pleinement d'iTunes, une connexion Internet est indispensable, ainsi que l'ouverture d'un compte sur iTunes Store, que vous ouvrez en cliquant, dans la barre de menus d'iTunes, sur Store > Créer un compte. Apple vous explique ensuite comment procéder. Vous devrez néanmoins fournir vos coordonnées de carte bancaire, même si vous n'avez pas encore l'intention d'acheter quoi que ce soit.

Extraire des morceaux d'un CD audio

1. Dans le Dock, cliquez sur l'icône iTunes.

   Vous n'avez pas besoin d'avoir ouvert un compte Apple pour effectuer cette opération.

2. Insérez un CD audio dans le lecteur optique du Mac.

   iTunes lit le nom des pistes et demande si vous désirez importer le contenu du CD dans la bibliothèque (Figure 9.1).

3. Cliquez sur Oui.

   iTunes transfère les morceaux, comme le montre la Figure 9.2. Vous pouvez décocher le cases des pistes à ne pas transférer (sauf la première, car le transfert commence immédiatement). Le nombre de morceaux et la durée totale d'écoute sont indiqués dans la barre tout en bas de l'interface.

4. Éjectez le CD en cliquant sur le bouton à droite du nom du CD (dans le volet de gauche d'iTunes, catégorie Appareils).

   iTunes quitte le module de transfert et revient à la catégorie Musique. Cliquez sur le nom du CD, dans la colonne Artistes, pour écouter les morceaux transférés.

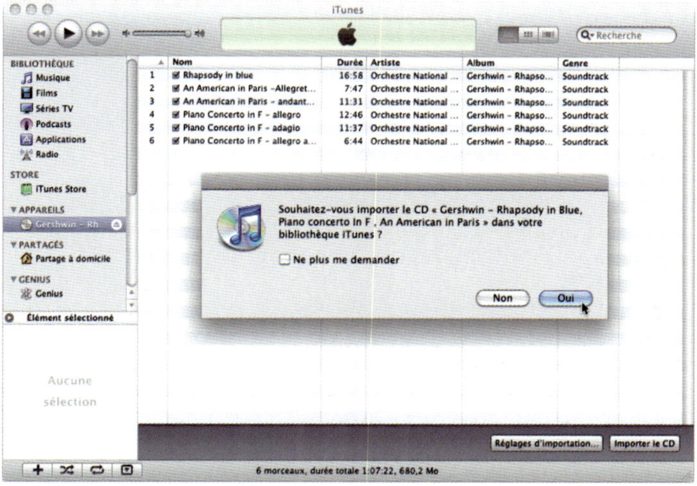

Figure 9.1 : iTunes a détecté un CD audio dans le lecteur optique.

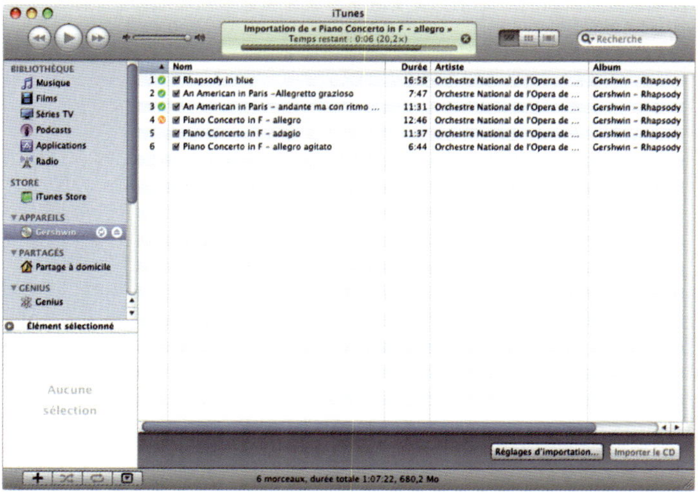

Figure 9.2 : iTunes transfère les morceaux.

Importer les morceaux au format MP3

1. Dans le Dock, cliquez sur l'icône iTunes.
2. Introduisez un CD audio mais refusez le transfert en cliquant sur Non, dans le panneau qui apparaît.
3. Cliquez sur le bouton Réglages d'importation, en bas à droite d'iTunes.

   La boîte de dialogue Réglages d'importation apparaît (Figure 9.3).
4. Déroulez le menu Importer via, et choisissez Encodeur MP3.
5. Déroulez le menu Réglage et choisissez Personnalisé. Dans le panneau de l'encodeur MP3, le menu Débit stéréo permet de choisir une qualité maximale, jusqu'à 320 kbps (Figure 9.4).

   Augmenter la qualité des fichiers MP3 les rend beaucoup plus volumineux.
6. Cliquez sur OK puis sur OK pour quitter les deux boîtes de dialogue.

Il est possible de changer l'encodage de n'importe quel morceau déjà dans la bibliothèque en cliquant dessus du bouton droit (ou Ctrl+clic) et en choisissant, dans le menu contextuel, l'option Création de la version MP3.

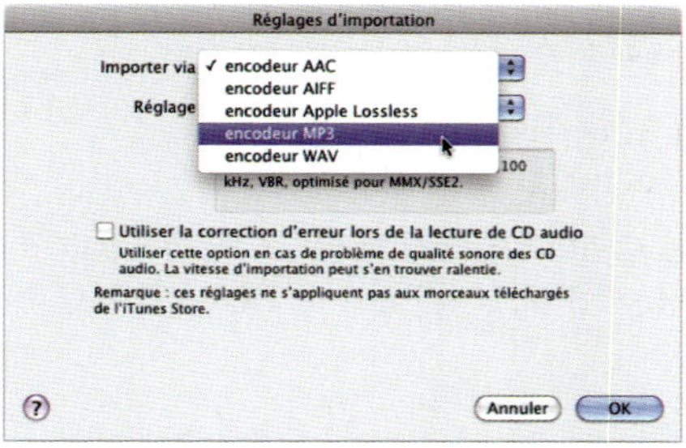

Figure 9.3 : Abandonnez le codage Apple ACC au profit du format MP3 utilisable avec tous les baladeurs.

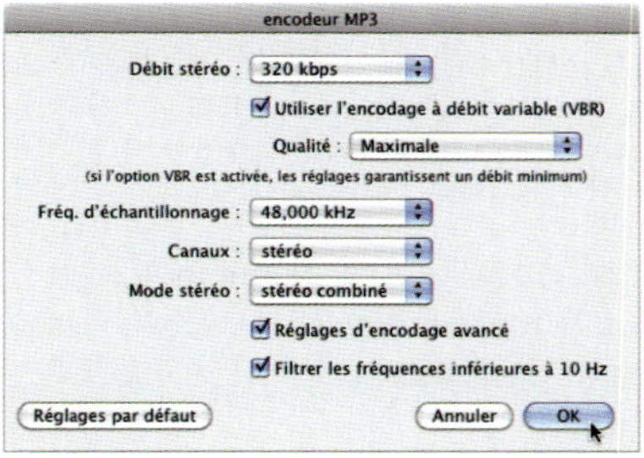

Figure 9.4 : La qualité de reproduction maximale, conforme DAT (Digital Audio Tape), a été définie.

Récupérer les illustrations d'albums

1. Connectez-vous à iTunes Store en cliquant sur Store > Se connecter, dans la barre de menus d'iTunes.

   Si vous n'avez pas encore de compte, cliquez sur Store > Créer un compte (bien que la procédure soit gratuite, Apple vous demandera vos coordonnées bancaires).

2. Dans iTunes, cliquez du bouton droit (ou Ctrl+clic) sur un morceau de l'album pour lequel vous désirez l'illustration de la pochette. Dans le menu contextuel, choisissez Obtenir les illustrations de l'album.

3. Dans le panneau qui demande confirmation, cliquez sur le bouton Obtenir les illustrations d'albums (Figure 9.5).

   L'illustration apparaît aussitôt dans iTunes (Figure 9.6).

Si vous possédez une illustration, vous pourrez l'utiliser en faisant glisser le fichier d'image jusque sur le cadre portant la mention « Placez une illustration ici », en bas à gauche d'iTunes (il est visible quand un morceau est sélectionné). N'importe quel fichier au format JPEG fait l'affaire.

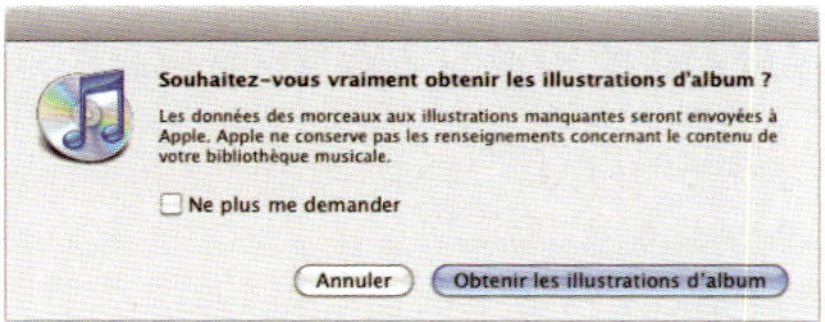

Figure 9.5 : Confirmez votre demande.

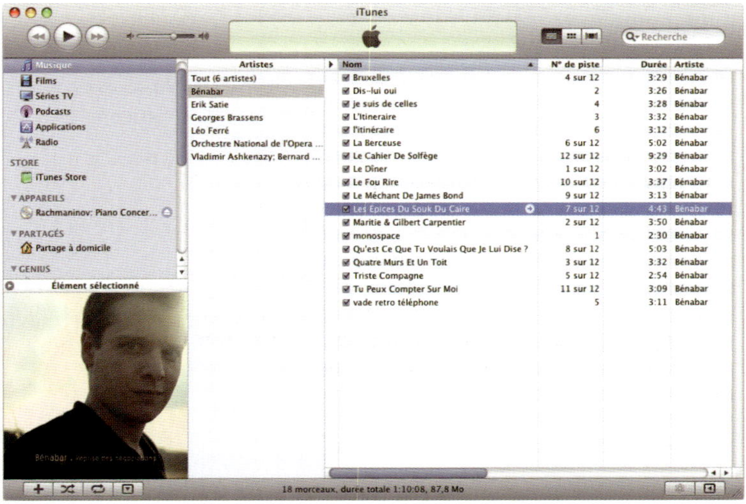

Figure 9.6 : L'illustration de l'album de Bénabar a été téléchargée.

Modifier les informations des morceaux

1. Dans iTunes, cliquez sur un morceau dont vous désirez modifier le libellé.

   Ou alors, sélectionnez un groupe de morceaux en cliquant sur le premier de la plage puis, touche Majuscule enfoncée, sur le dernier. Des morceaux non contigus peuvent aussi être sélectionnés (et désélectionnés) en cliquant dessus, touche ⌘ enfoncée.

2. Cliquez du bouton droit (ou Ctrl+clic) dans la sélection et, dans le menu contextuel, choisissez Obtenir des informations.

   Si plusieurs morceaux ont été sélectionnés, iTunes affiche un panneau demandant si vous souhaitez modifier les informations de plusieurs éléments. Cliquez sur Oui (Figure 9.7).

3. Dans le panneau d'informations portant le titre du morceau, ou intitulé Informations d'éléments multiples (Figure 9.8), modifiez tous les éléments que vous estimez devoir l'être. Ils apparaissent dans les diverses colonnes de la bibliothèque de morceaux d'iTunes.

4. Cliquez sur l'onglet Options et réglez le volume et l'égaliseur (Figure 9.9) pour le ou les morceaux sélectionnés.

5. Cliquez sur OK.

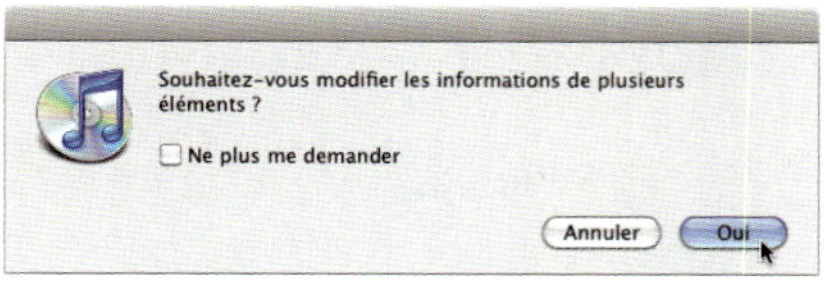

Figure 9.7 : Confirmez votre intention de modification groupée.

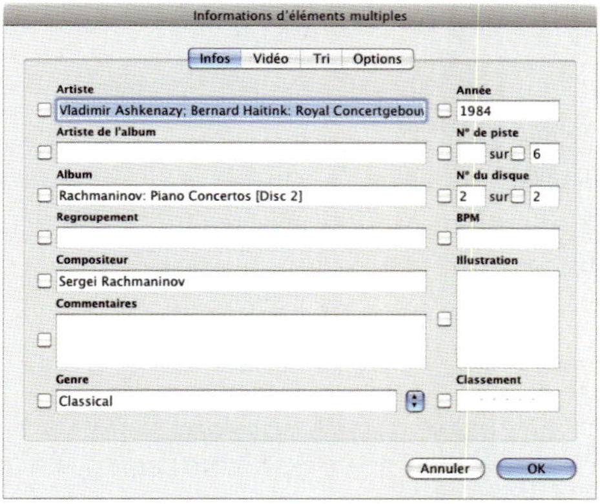

Figure 9.8 : Vérifiez les informations et modifiez-les au besoin.

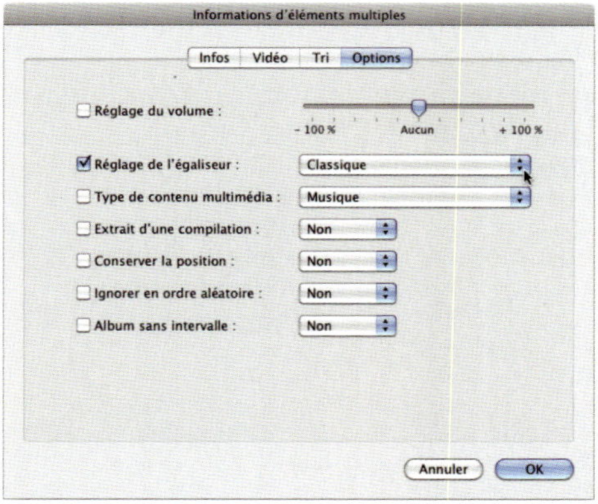

Figure 9.9 : Affectez un volume et une égalisation aux morceaux sélectionnés.

Créer une liste de lecture

1. Dans la barre de menus d'iTunes, choisissez Fichier > Nouvelle liste de lecture (ou appuyez sur ⌘+N).

   Une nouvelle entrée est ajoutée à la catégorie Listes de lecture, dans le volet de gauche d'iTunes (Figure 9.10).

2. Saisissez aussitôt le nom de votre liste de lecture

   Choisissez un nom évocateur, comme « Celtique » ou « Cool calme zen », ou ce que vous voudrez.

3. En haut du volet de gauche, cliquez sur Musique.

4. Assurez-vous que l'affichage est en mode Liste (par commodité) et, dans la colonne Artistes, cliquez sur Tout.

   La totalité de la bibliothèque de morceaux est affichée.

5. Touche ⌘ enfoncée, cliquez sur les morceaux à ajouter à la liste de lecture.

6. Actionnez le curseur de défilement du volet de gauche afin que la nouvelle liste de lecture soit visible.

7. Cliquez dans la sélection et, bouton de la souris enfoncé, faites-la glisser jusque sur la nouvelle liste de lecture (Figure 9.11).

   Remarquez le rond rouge mentionnant le nombre de morceaux copiés. Notez que, sur le disque dur, les fichiers des morceaux ne sont pas dupliqués. Seuls des sortes d'alias sont gérés par iTunes.

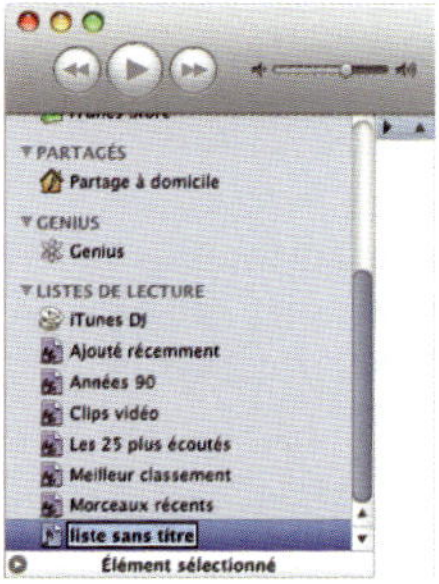

Figure 9.10 : Une liste de lecture vide vient d'être créée.

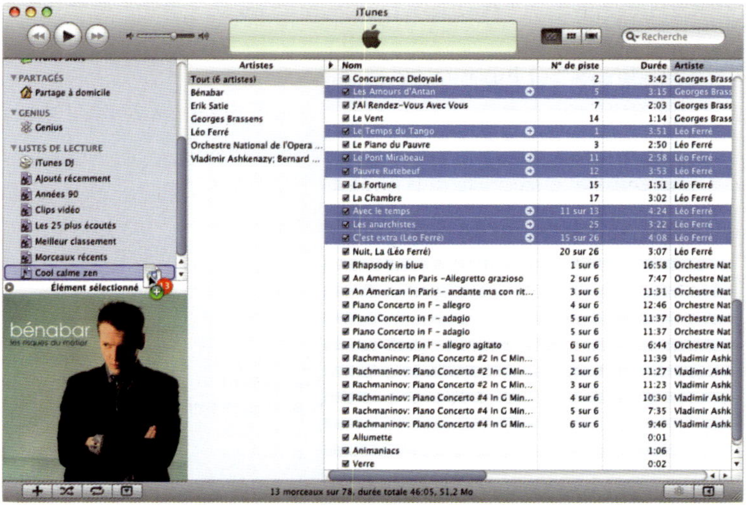

Figure 9.11 : Déposez la sélection sur la liste de lecture, à gauche.

8. Quel que soit l'endroit où vous vous trouvez dans iTunes, cliquez sur la liste de lecture, dans le volet de gauche (Figure 9.12).

   Tous les morceaux sélectionnés s'y trouvent. Vous pouvez en ajouter ou en supprimer, ou décocher la case des morceaux que vous ne désirez pas écouter. Les colonnes peuvent être triées de la même manière que celles du Finder, comme expliqué à la technique « Trier les colonnes », au Chapitre 1 (« Le Bureau »).

9. Cliquez sur le bouton Lecture, en haut à gauche d'iTunes, pour écouter les morceaux (Figure 9.13).

   Ou alors, double-cliquez sur un morceau, dans la liste.

Figure 9.12 : La nouvelle liste de lecture « Cool calme zen » est accessible en permanence.

Figure 9.13 : La liste de lecture « Cool calme zen » est en train d'être écoutée.

Index

A

B

C

D